苦労の節約

森本　武

はじめに

高僧。聖者。哲人。生き神。人生の達人。そんな人たちに、実際出会うことはなくても、近くの本屋に立ち寄れば、その教えというものを、活字を通して知ることは誰にもできます。

事実、悩みを抱えた多くの人が、そうした偉人による哲学書や宗教書に救いを求めてきました。

しかし、ここにひとつの大きな障害があるようにみえます。聖者と自分の、人間としてのサイズの違いです。聖者の説くところを的を外さず会得するには、自分もまた、限りなく聖者に近い境地にならなければなりません。でなければ、大学教授の専門的な話を、幼稚園児が理解しようというのと同じで、あまりに絶望的なことといわなければなりません。

マタイ福音書に、よく知られた、「山上の説教」というのがあります。そこで、イエスは、「狭き門より入りなさい」と語っています。

狭き門より入る。やさしい表現です。この字句の示すところを理解できない大人はいないでしょう。小さな子供にも、苦労なく分かる言葉だとおもいます。

しかし、この表現を知ったからといって、明日からの暮しにどれだけの変化が生じるでしょう。

具体的に何をしなければならないのか。行動の指針として、どちらを向いて進め、とイエスは言っているのか。分かりにくいのです。

広い門をくぐる方が、気分ものびのびして、衣服を引っ掛ける心配もない。楽にきまっています。

楽がいけない、とイエスはいうのでしょうか。楽にすがろうとする人間の心根が間違っていると糾弾《きゅうだん》するのでしょうか。

おそらく、真理を見通してしまった人にとっては、正しいことが、そのまま楽になるのでしょう。しかし、凡俗の悲しさというしかありませんが、聖者の説く「正しい生き方」は、どうも苦を強いられているようにみえ、安心して飛び込んでいきにくい面があります。

一方、自分の好き勝手、やりたい放題にやっていると、一時は楽でも、必ず近いうちに、苦の逆襲に見舞われることも経験として重々承知しているのです。

結局、楽にも苦にも半端にしか手が出せず、浮き沈みしながら、その日その日をやりすごしているのが、大方の小さな人間の生きる姿といえるでしょう。

悟れなくても、楽に生きられないのか。悟りには程遠い小さきヨガ行者のぼくには、そこのところがずっと気になってきました。いかにも虫のいい発想ですが、弱い者は弱い者なりに、快適に生きる術《すべ》がある、と信じたい。

この本を書くことを通して、ぼく自身のためにも、そういう「旨《うま》い手」をできるだけたくさん発見、創造、再確認したい、と考えたのです。

一九九〇年四月一日

森本　武

もくじ

仕事

人間関係

金

money

金は無くても

借金が返せなくて一家心中。金銭のトラブルから殺人事件に発展。金にからむ不幸や犯罪を毎日耳に目にします。

人は、金がないと絶望し、金がたまれば歓喜するようです。

まったく、金が人生の幸不幸を決定する、と信じ込んでいる人が少なくないように見受けます。

金について、冷静に考えてみましょう。

確かに、金がないと、米も買えない。家賃も払えない。学校にも行けないし、電車にも乗れない。

しかし、金なくして生きることは不可能と言い切ってしまえるものでしょうか。いえ、不可能とは言えません。乞食、僧侶、囚人たちなど、実践者はいます。

不可能というコトバを、ぼくは、易々と使いたくはありません。十分に検討する前に、「そんなこと不可能ですよ」と即断する癖をつけてしまってはいけないと思います。少しの努力で可能になることも、逃がしてしまうからです。

金は、生きていくための手段です。ひとつの手段に過ぎません。もちろん、とても役に立つ、強力な手段である、とは思います。だからといって、金を使って、つまり「買う」ことでしか、モノなりサービスが手に入らない、とはいえません。

誰でも経験するようなことでいうと、まず、「我慢」が在ります。ジュースを飲みたい、とポケットをさぐってみたが財布がない。仕方なく、近くの公園の水飲み場で喉をうるおす。ジュースを我慢して水ですませても、生存にひびかない。それどころか、砂糖や添加物の入ったジュースよりも水の方がずっと生命は喜びます。

なんでも、「欲しい」とおもったら、直ぐ「ストップ！」と叫んでみたらどうでしょう。声に出さなくても、頭の中で「ストップ！」といい、行動を一気に中止するのです。心が静まります。すると、欲しくなくなることが、案外、多いのです。それは要らないものだったのです。こうして、後味のいい我慢ができてしまいます。

「貰う」という手もあります。

公共の水飲み場もみつからない、となったら、通り掛かりの家で頼んでみます。恥ずかしがり屋にはちょっと勇気がいるでしょうが、この小さな勇気で、「不可能」が「可能」になるのです。

不可能なことと思い込んでいることでも、僅かの恥ずかしさとか、怖さとか、しんどさのトンネルを抜けてしまうと、「なんてことなかったな」ともえることが多いものです。

大規模に「貰う」ことで、多数の貧しい人々を助けている人が、アメリカに、います。デニス・ウィーバー。テレビや映画でよく知られた俳優です。

十分に食べられるものなのに商品価値はない、というのでスーパーから捨てられる運命にあった食品を貰ってきて、飢えている人々に供給する組織を、彼はつくりあげました。そのお陰で、毎日二万三千（１９８６年）に及ぶ人々が空腹から逃げれることができたのです。

金という中間手段を利用しなくても、直接、モノとモノを交換することもできます。自分にとって不用なモノを誰かが欲しがっていることはよくあることです。これだけモノの溢れている日本では実にたやすいことです。

ぼくのように、モノを贈るのが嫌いなケチ人間のところにも、よく贈答品が届けられます。大半が邪魔になるだけなので、友人と互いに必要なモノを交換し合います。この時、元値にこだわりません。魚肉を食べないぼくにとっては、一万円のボンレスハムより、数百円のさつまいもの方がありがたいのです。実質が大事ですから。

なんでもお金に換算し直さないと価値がつかめない人、「金本位」病におかされている、といえるでしょう。この病気は浪費の原因になるものです。必要もないものを、ただ大割引きだからと平気で買えるような人は要注意ですよ。

「拾う」という手もあります。

ぼくの父は傘を拾う名人です。ほんとうに「落ちていた」のだろうか、と疑いたくなる程、次々に拾ってきます。そんな傘は、我が家に来られたお客さんが、予期せぬ雨で困られた時に、持ち帰ってもらっています。

ぼくの子供の頃、昭和二〇年代の終り頃ですが、道に落ちている金属を拾い集めて、屑鉄屋に持ち込み、小銭をかせいだことがあります。今では、そんな侘《わび》しい努力をしなくても子供達の財布は十分潤っているようですが。

わずかの修理で使えるようになる家具や家電品が、至る所にいさぎよく捨てられています。もったいない、を通り越して、寂しい風景ですね。それらを回収し、再生して、売る業者もあらわれましたが、いい商売にならない、と聞きました。やっぱり、新製品に飛びつく人が多いからでしょう。

道に落ちているものだけを材料にして芸術作品を造っている芸術家がいます。海岸には、綺麗な貝殻や石ころが、野山にはかわいい野草があって、我が家の華麗な空間演出に役立ってくれます。只でいただけるものが結構あるんです。買わずに、無料の代替物で済ませる創造力に恵まれていると大きな節約になるわけです。

生き延びるのにいくら要るか

金で苦しまないためには、できるだけの金の掛からない暮らし方を身に付けるべきだと思います。高価な暮らしは借金につながります。借金は苦の種です。

幸い、ぼくの場合は、気の小さい人間なので、大きく借りて大きく楽しむ生き方は無理で、借金で苦労した経験はありません。

相当な借金をかかえていながら、悠々の日々をおくっている「豪傑」に会うことも、たまに、あります。肝のすわった人間にとって、マイナスの財産の重みなど、蚊の体重ほどにも感じないのでしょう。羨ましい限りです。もっとも、その手の方は、こんな本を手にされることもないでしょうから、ここは話を小さい人間に戻します。

どれだけの金があれば命をつないでいけるか。そこのところを知ることが金の苦労からの離脱の第一歩だと思います。

いくらあれば生きていけるのか。この計算は、考え過ぎると、かえって、難しく思えるかもしれません。手っ取り早くいえば、貧乏旅行を頭に描いてください。食う、寝る、移動する、それに、わずかの衣服のための経費があれば、なんとか死なずにやっていけます。この生存を支えるぎりぎりの経費が「必要経費」です。

この「必要経費」だけで生きている人は多くないはずです。ほとんどの人は、これにかなりのプラス分を抱えているでしょう。問題は、このプラス分が増大しすぎていないか、ということです。そうなると、当然、儲ける苦労が増えます。

このプラス分を「欲望経費」と呼んでみます。そうすると、暮らしの経済規模は、「必要経費」と「欲望経費」の和で表されることになります。

健康な人は、病弱な人より安上がりに生きていけるでしょう。必要なものが少なくて済むからです。隙間だらけの家でも、ファンヒーターなんてなくても、平気。医者、薬との縁も薄い。

欲望の強くない人も、安上がりです。見栄を張ることがないから、流行を追わない。飽きにくいから、時代遅れのモノでも大事に使う。現状に十分満足しているので、無闇に買い走らない。

　従って、健康で、欲がなければ、安上がりの暮しになり、苦労が小さくて済みます。

　漠然と、お金がいる、と思っている場合、生存のための必要経費ではなく、命にかかわらない、いわば贅沢への出費が案外大きいのではないでしょうか。

　人間は、自分が本当に欲しているものが分かりません。

　いま、何が一番食べたいのか。だれを一番愛しているのか。どの仕事が自分の一番やりたいことな

暮らしの経済規模

A：必要経費

B：欲望経費

Φ暮らしの規模

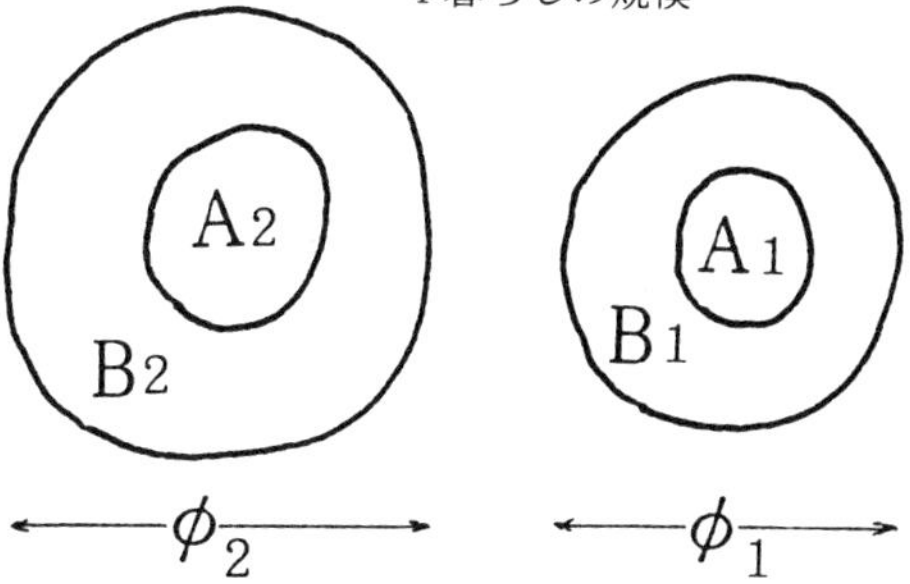

のか。

他人を見たり、世間を気にするほど、つまり、自分の内側よりも外側に目が向けられるほど、分からなくなるのです。

自分の「必要経費」を探ること。このこと自体が、自己発見の作業、といえるでしょう。

金で人と繋がらない

世の中には、金の絶大な威力を利用して、人を動かし、社会を動かしている一群の人々が存在しています。

接待費を欠いて営業活動は不可能、と企業人は考えています。札束の威力を抜きに選挙に勝利はない、と政治家は信じています。なんらかの活動が営まれるところ、直接的経費はもちろん間接的にも様々な名目で金が動いています。

慶弔に伴う金額にしても、人と人の関係（距離、上下）を読み取ることに神経をつかい、その「誤読」は、互いの関係にヒビを入れてしまうことになりかねない、と恐れられています。

真心より金、という法則が多くの人の行動原理となっているようです。金によって、取引先を、選挙民を、顧客を、さらに、友人や、恋人を繋《つな》ぎ止めておこうというやり方がまかりとおっています。

金で繋がった関係は、「役職」や「名声」、「技能」といった、付随的な要素に重点が置かれていて、内面的な交わりはまるで失われていることが多いものです。あなたが大企業の部長であったときには、私事におよぶことでも、なにかと手助けしてくれたような人が、あなたの退職以後には、まるで顔を出すことがなくなる、といったことが起こります。

金も地位もない人間は「利用価値がない」、というわけです。

ぼくは、日頃から、金品をできるだけ贈らないようにしています。貰いたがりの人はぼくから離れていくでしょう。常識とかマナーと呼ばれるものに反することになっても平気。こういう態度を保持することによって、真心の通じ合う友人を見出しやすくなります。損得勘定で繋がっているような「ニセ友人」とうまくやっていくことよりずっと大事なことです。

金の貸し借りも避けたいことです。たとえ善意で貸すとしても、その善意が生きないどころか、友情を損なうことにもなりかねません。貸す時はホトケでも返してもらう時はオニにみられるのが常。助け方にも配慮がいります。

どうしても、「貸す」羽目になったときは、「やる」と思うことです。「やる」気になれない金なら「貸す」のは止す方が賢明です。やってしまえば、金のことは頭から消せます。苦労の種をかかえずにすみます。

また、ちょっとしたお金の立替をしたり、してもらったりすることはよくあることです。小さな額であっても、できるだけ速やかに返す。早く、すっきりします。逆に、立て替えた分は、忘れてしまうのが一番だと思います。返ってきたら、「臨時収入」とでも思って喜びましょう。ひとり芝居でも、喜びは喜びです。喜びの種を増やし、落胆の種を減らすことが苦の節約の極意であります。

無駄遣いの対策

結構少ない金で人間は生きていける、と前に書きました。にもかかわらず、欲望というものが、その事実を認めようとしないかのように、「もっと要る、もっと要る」とそそのかしに出てくるのです。

まるで喉は渇いていないのに、ビールの白い泡を見てしまうとたまらなく欲しくなる、という経験を、ぼくも繰り返しています。

かといって、欲望は悪だ、と考えるのは適当ではありません。生命そのものが「生きたい」「生き続けたい」欲望の塊なのですから。欲望は、生命エネルギーの声といってもいいと思います。欲望そのものには、道徳もマナーもないので、人を殺したくなったり、盗みたくなったり、訳もなくモノを壊したくなることがあります。こんなことはみんな自然なことです。自分の命を守るために「殺意」が必要になることだってあるのです。

理屈としては、欲望は百％いいものだといえますが、あなたがこれまで誰かに殺意を感じたものの犯行に及べなかったのは何故でしょう。いわゆる理性というものが働いていたからです。では、理性がまったく働いていなかったら、あなたは殺人犯になっていたのでしょうか。それは分かりません。殺したくても殺せない場合（人）があります。逆に、殺したくなくても殺してしまう場合（人）もあります。

生命の働きを理屈で説明するにはコトバの限界を感じてしまいます。というより、相手があまりにも理解しにくい対象である、というべきでしょうか。

「理性がまったく働いていなかったら…」なんて、軽々しく書きましたが、理性を抹殺《まっさつ》した感触なんて、ぼくは体験したことがありません。これは、表現上の仮定にすぎません。実際のところは、理性が「失われている」とみえるような場合でも、ただそうみえる、というだけのことだと思います。

少し考えれば、要らない、と判断できることがたくさんあります。ですから、理性で、気ままな欲望を制御することがまず大切です。小さな欲望の暴走なら、僅《わず》かの理性で制圧することができます。「日頃の心掛け」次第ということです。

コーヒーの香りが、喫茶店の前を通りかかると、誘惑してきた。一杯三百円。後《あと》十分歩けば家で、五十円位でレギュラーコーヒーが飲める。こういう計算のできるゆとりが大事です。結果として、気分転換に差額二百五十円は高くない、と判断して喫茶店に飛び込むのもいいわけです。

では、お金を無駄遣いしないための日頃の心掛けを、箇条書きに整理してみましょう。

●合理的に計算する癖をつける

グラム当りの価格に換算して食品を比較するように、どんなものについても単位当りの値段を計算する。

●見栄を張らない

高価な服を着てみても、人は、自分で思い込んでいる程、あなたの服に注目していない。

●金遣いの荒い人には近付かない

飲食、趣味、交通手段など浪費に巻き込まれる危険が大いにある。

●なんであれ「収集《コレクション》の趣味」には手を出さない

これほど人間を貪欲の泥沼に引摺り込む趣味はない。本を「集めて」も賢くならないのは自明である。
●なるだけ小額のお金を携行するようにする
いうまでもなく衝動買い防止のため。家でも、できるだけ現金は保管せず貯金してしまう。
●新聞や雑誌の広告にはできるだけ目を止めない
必要ないものでも「興味」に吸い寄せられ、少し見入っていると「便利」「役立つ」の感想がでてきて、ついには「必需」と思いこみかねない。
●無料あるいは破格値の施設・サービスを十分活用する
図書館、公営の運動施設、ホテルのロビー、学校・役所・会社などの食堂、画廊、百貨店の食品売場の試食、など。情報収集の努力と空想力で、タダあるいは驚異の低額で遊べ、学べ、寛《くつろ》げる。
●金のかからない趣味をもつ
道具が要らない（安価な道具で済む）、場所を選ばない、空いた時間に楽しめるものだといい。
●おごらない、つまり「割り勘主義」でとおす

「おごる」は「奢る」と書くが、「驕《おご》る」に通じる。驕る平家久しからず、というわけだ。

●買い物に出掛ける前に「購入品リスト」を作成しておく

このリストにある品しか買わない、と自己規制する。リスト外のどんな安売り品にも手を出さない覚悟で。

●遠方の用事はできるだけまとめて済ます

期間の許す限り、ある方面での用事を溜《た》め込んでから出掛ける。運賃も時間も節約できる。

こんな具合に、あれこれ具体策をあげていると、これだけでこの本が一杯になってしまいます。皆さんも、ご自身で考え、実践されれば、節約も、苦どころか結構楽しいことに気付かれることと思います。

金は善でも悪でもない

子供が学校をズル休みした。なんて悪いことをする子だ、と怒り狂って、いきなり叱《しか》り飛ばす親がいます。「ズル休み」＝「悪」という公式しか頭に無い人なのですね。本当のところ、こういう親は善悪についてこれまで深く考えたことがない人だと思います。叱りながらも、叱る理由を知らないのです。知らないことも知らない。

こんな場合、教育問題の専門家なんかは、「子供の言い分をまず冷静に聞きましょう」と忠告されるのでしょうが、悪の観念を不動のものにしている人が、例え、「対話尊重」の親を演じてみても、「叱る」を延期させるだけなのです。時間が怒りを小さくすることには役立つでしょうが。

善悪のけじめがなければ社会は混乱に陥《おちい》る、という考えは、真実でない、とはいえませんが、臆病から、あるいは一種の絶望から出ているように、ぼくには思えます。「けじめ」が強調されている割には、今の世の中、みごとに混乱しているではありませんか。少なくとも、ぼくの目には。

命の次に金、と信じる人の隣に、金は不浄で破滅のもとと思い込んでいる人がいるのです。価値観は多様です。しかし、いずれにしろ、決め付けが強すぎると苦労を呼び込むことになることだけは確かだと思います。金自体は善でも悪でもないのです。

これまで、ぼくは最小の収入で生きる気楽さを強調してきましたが、金を悪と見ているのではありません。金に翻弄《ほんろう》されがちな人間の弱さに、もっと注意を向けなければならない、といっているだけです。

金に恵まれても恵まれなくても、幸せに生きる方法はあるのです。金持ちになりたい人は、そのために精一杯励《はげ》めばいい。それで毎日が楽しいのならいいわけです。財力のある人なら、出費のかさむ趣味を少々持っていても苦労が増えることはないでしょうし、前に述べたような細々した「無駄防止策」に躍起《やっき》になることもないわけです。

ぼくは金持ちの器ではないので、大きく稼《かせ》ぐ意欲も湧《わ》かないし、その能力もありません。そして、小さな買い物で満足できてしまいます。収支尻《じり》が合った暮らし、です。

もし、高価な暮らしに憧《あこが》れる人が、現実には、相当貧乏であったりすると、「不幸」という感情が当然生じてきます。憧れは生きる意欲につながることもありますが、慢性の不満をはびこらせることにもなるので厄介《やっかい》です。

憧れや理想で頭は一杯でも、それに見合う行動がまるでないと敗北感の強い人生になってしまいます。

まさかに備える金

人生八十年。長い老後が待っている。と、不安に怯《おび》えている人が少なくないとしても、人の寿命は分からぬもので、あなたには心配する程長い余生が残っていないかもしれないのです。

自分の命がどれだけ残っているか、ほとんどの人にとって予想は不可能です。願望もあって、長い目に見るのが常ですが、生きていることが、それだけで有り難いと思えるなら、少々の物質的不足にも耐えられるはず。また、不幸にして生き残っていないのなら、老後の金など要らないのです。この場合は、心配しただけ損。まったくの取り越し苦労ということになります。少し振り返ってみても、この種の要らぬ苦労を随分繰り返してきているのではないでしょうか。

予想することを止めることです。分からないことは考えないことです。生きたい、というなら、乞食をしても生きる覚悟を固めることです。この覚悟さえしっかり持てていたら、お金の足りないところはなんとか乗り切れると思います。「なんとか」では余りに心もとない、と不安がる人は、やっぱり確かな予想を求めてしまっているのです。

どうしても、もっと確かなものが欲しいというなら、老後に備えるために、よく働き、よく溜込むことも、結構でしょう。しかし、きっと、いつかあなたは掛替《かけが》えのない時間を失ったことを深く後悔されるにちがいありません。若い時にしかできなかったことを、将来のために犠牲にしてしまった、と。

金は取り戻しがききます。時間では、それはできません。時は過ぎ去るのみです。「今」を生きること以上に重要なことはないのです。「今」以外に確かなものはないのです。「今」あなたが幸せなのかどうか、それだけが問題です。

病気

illness

病気とは何か

生命《いのち》とは、と改めて聞かれても、答の用意ができている人は多くないでしょう。ただ、自分自身が、その生命を持っているという実感だけがあるのではないでしょうか。いや、その実感さえも、いつも確かなものだ、とはいえません。

人体の中で一番騒がしい器官といえる心臓は、ほぼ毎秒一回鼓動《こどう》していますが、ほとんどその音に気付くことはありせん。それに気付く時は、なにかの理由で混乱してたり恐怖してる時か、心臓に異常がある時でしょう。「ふつう」じゃない時に限られるわけです。

毎分十数回の呼吸にともなう肺の拡大縮小や、胃腸の蠕《ぜん》動《どう》運動が自覚されるというのも、なにかの苦痛や不快を伴う時であり、体調が完全でないと考えるべきでしょう。

体を感じないこと。それが健康の標《しるし》といえます。だから、生命のことなんかに気が回らないのは、とても幸せだ、ともいえそうです。

しかし、まったく病気を経験したことがないという人はまずいない、と思います。健康に自信のある人でも年に一度や二度風邪をひくこともあるでしょう。便秘や下痢はもっと頻繁《ひんぱん》に誰もが苦しめられる病気（そう呼ぶこともないほどに）ですね。

世間では、どうも、病気を生命を脅《おびや》かす「悪者」と決め付けているようなところがあります。

病気は不快です。痛い、苦しい、しんどい。だから、歓迎されないのは仕方がないことかもしれませんが、病気は決して生命の敵ではないのです。このことを少し考えてみましょう。

病気は生命の中でしか起こりません。死人に病気はないのです。石や布に病気はないのです。病気は、ですから、生命の活動の一部なのです。生きんがための働きです。敵どころか、誠心誠意自分を思いやってくれる有り難い親友なのです。

生命の本質は変化です。動いていること。止まることなく、発展、成長することなのです。我々が病気といっている状態はその変化が目立って現れているに過ぎません。見逃してしまう程の微妙な変化だったら、病気と呼ばれることもないでしょう。変化が認識されることがないかぎり病気は存在しないことになります。

病院で検査を受けて「異常」が見付かった時から、あなたは病人に「なる」のです。つまり、病気をつくるのは人間の判断であって、生命そのものではない、ということが大切な点なのです。

ぼくが、このことを文字通り体で知ったのは大学生になりたての頃です。ヨガに出会って、まだそれほど時間も経っていないのに、頭ではすっかり心酔してしまった勢いで、断食を試みたくなりました。野菜のスープなどを少々口にしながら、不十分な知識を頼りに、三十七日間の断食を行いました。無謀なやり方でした。疲労感、軽いめまいが初期にはありましたが、やがて身体の軽量感に加えて浮遊感とでもいえるようなものが現れ、精神が広大な空間に拡張するのを強く感じました。どんな難問でも解けそうな自信がありました（明らかに妄想《もうそう》というべきものですが）。言ってみろ、といわれれば言えないに決っているけれど、自分の将来もすっかり理解しているような錯覚を覚える意識状態にあったのです。

この時の経験で一番重要なのは、胃炎もめまいも疲労感も、なにか大きな安心の中で自覚されていて、それらの不快な症状は生命の「愛」が活動しているる証拠なんだ、と実感できたことです。この「愛」という表現は少し唐突に響くかもしれませんが、確かにそんなふうに、ぼくは感じたのです。

それまで考えていたような意味での病気などは存在しないのだ、と確信しました。病気は、生命の「思いやり」が声となって自分の間違いを正してくれている姿であり、手足となって生命の完全性を守り通そうと戦ってくれているガードマンなのです。ぼくは、このことに気付いて以来、薬は原則として飲まない、治療を目的として医者にかからない、と決意しました。

生命の営みに理由なきものはないのです。しかし、その理由をいつも頭で理解できるとは限りません。あなたがその理由を知る知らないに関わりなく生命の根源は、たえず最善最短の手段を選んで、あらゆる外的変化（刺激）に対応してくれています。あなたは信頼して任せておけばいいのです。

暑い。汗を出して体温の上昇を押さえてくれます。寒い。皮膚は縮んで熱の放散を防いでくれます。菌が外から多量に入り込んできたら、高熱を出して、殺菌してくれます。

あなたが病気を恐れるのは、生命そのものの働きに全幅《ぜんぷく》の信頼がおけないからではありませんか。

生命は例外なく完全なのです。瀕死《ひんし》の病人を、短時間の内に、元気に蘇《よみがえ》らせたら奇跡だ、と人は考えます。しかし、それ以上に、人が生きていることが奇跡だ、ともいえるのです。

病気はそのままで不快なし！

病気の本質がなにであれ、その働きをどう定義づけようと、とにかく病気にはなりたくない、という気持ち、わかります。

病気にならない方法があればそれに勝るものはない。確かにそうです。しかし、厳密な意味では、それは不可能です。生きている限り、生命は変化し続けており、毎日病気をつくりだしているからです。死ねば、完全に病気から解放されることになりますが。

もう少し実際的に考えると、あなたが「困る」「嫌だ」という病気は、苦しい病気、痛い病気、とにかく快適な日常生活に支障をきたす病気のことですよね。もし、気持ちいい病気があったら、喜んで罹《かか》りたいと思ってしまうでしょう。酒に酔うというのは、そんなのに似てる。でも、後で辛いことになるので、差し引きゼロというところでしょうか。

病気が困るのは不快感のせいです。だから不快感を取り除けばいいのです。病気そのものは正しい働きですから取り除いてはいけません。生命の邪魔はいけません。

下痢は腐敗物や不要物を緊急に追い出す仕事なので実に有り難い。有り難いけれど、その有り難みを知らないと腹の痛みの方にばかり気がいって、滅入《めい》ってしまいます。

頭から病気を恐れ、病気から逃れたいと思う程、不快な症状は強く自覚されるものです。ひとつ小さな実験をしてみましょう。どこかに痛みを感じる時にやってみてください。

頭痛を例にやり方を説明します。ズキズキ痛い。痛い、という感覚を嫌うのを止めて、親しみを覚えるように努力してみます。「こんな痛み方は可愛い」とか「生命の応援歌のように響く」とか、無理やりでも痛みを好きになるのです。痛みの中に愛情を感じ取ってください。愛情が中心にあって、痛みを発している。だから当然、この痛みはやさしい。根が愛情だからやさしい。あなたを愛している人が、冗談に頭を叩《たた》くみたいにやさしいのです。さあどうでしょう。こんな風に頭痛と付き合ってみると、自覚される痛みは驚くほど小さくなります。うまくいかない人でも、ほんの短い時間、痛みの和《やわ》らぐのが感じられると思います。

もっと重い病気の場合どうするか。激しい痛み、高い熱。体は衰弱するばかり。それでも、生命の完全を信じていればいいのか。

本当にあなたが生命の完全を百%信じて疑わないのなら、病院に担《かつ》ぎ込んでもらう必要はありません。体が必要な処置をやり尽くすまで、ただ耐えて待てばいいのです。

しかし、盲腸で苦しむ「常識人」に、「生命は完全だ」「もう少し頑張れ」

「痛みと仲よくしろ」と励ますことが最善の処置であるとは、ぼくにも思えません。当人の理解が不十分な場合、些細な風邪に対しても、薬なしでは安心できず、病状を悪化させることもあるでしょう。いかなる場合にも、理性を捨ててはいけません。経験を積んだヨガ行者なら瞑想のみで、どんな病気にも立ち向かうでしょうが、それは理性を放棄しているからではなく、まったく反対に、高度な理性に従っているからなのです。

日頃の習練がものをいいます。風邪を引いて、薬を飲まないと、どんな経過をたどって風邪が治まっていくか、一度位見極めてみてください。その経験から、あなたは生命に対してより親しみを感じ、信頼を増し、真の理性を高めることができると思います。安心して、生命の判断に委《ゆだ》ねて生きることです。そう、安心ということが大切です。安心のあるところに苦しみは侵入できません。絶対安心。これこそ揺《ゆ》るぎない幸福の姿なのです。

病苦の予防

どうにも辛い病気があります。生命の変化にすぎない、敵ではない、味方だ、といっても、こんなに苦しい病気から逃れられないなら、生きていたくない、とまで思い詰められた方もおられることでしょう。

病気の完全撲滅はありえませんが、病苦を軽減、あるいは限りなくゼロに近づける努力は、やらなければならないことです。

体の変化を極力不快感の小さい範囲に止めるような対策をとる必要があります。それには、やはり日頃の精進が必要です。といっても、すでに述べたように、病気を悪と決め付けた発想の健康法は空虚だと思います。

病気の予防というより、病苦の予防を考えてみましょう。

肝要な点を、以下に並べます。

●正しい心。いつでも安心していること。
●正しい姿勢。下腹に軽く力が入って、背骨が真っ直ぐ。
●正しい呼吸。ゆったり長い吐息、力を抜いた吸息。

●正しい食事。小食。穀類、野菜、海草、果物中心。
●正しい排泄。便秘防止はもちろん、発汗、忘却も大事。
●正しい睡眠。寝不足・過多共に有害。煎餅《せんべい》布団が一番。
●正しい運動。日常の用を自力で精一杯やる。速歩もいい。

予防は治療に勝ります。体に現れる小さな変化を、注意深く観察し、適確に読み取ることができれば、病気の仕事に協力できて、苦しい事にならずに済むと思います。

この点では、日頃から、どちらかというと、病弱な人の方が用心深く、処置も早くできるのかもしれません。といっても、病気を恐れ過ぎるのも困ります。最近は、癌ノイローゼの人が多いようで、「癌にならない食事法」、「癌にならない性格改造法」などと躍起《やっき》になっている人をみかけますが、避けよう、逃げよう、という意識が強すぎると、反対に、そのものを呼び寄せ、それに掴《つか》まってしまうことにもなるのでご注意を。

心と病気

心と体の関係は、上司と部下に例えられると思います。基本的には、上司である心が部下である体を支配、管理しているのです。また、上司も部下の影響を、当然、受けるように、体の変化が心にも影響します。

何かに失望したり、強い怒りを覚えたりして、胃腸の働きがにぶり、食欲をなくす、ということは日常よくあることです。失望しない人なら、胃腸は元気に働いていたはず。心が絶えず上向きで快活であれば、体の中に混乱を招き入れることもなく、病気で苦しむこともありません。

こうした事は誰もが経験していながら、心と体の関係を、軽視する傾向は、一般に強いように思えます。まして原因と結果が長い時間で隔てられていると、心の問題が見出しにくくなります。他人を妬《ねた》む性向の人が腎臓病を患ったとしても、長年の妬む心のせいとは考えにくいものです。

おまけに、腎臓のある場所は分かっていても、心は、ここだ、と特定しにくい。それだけ物理的には存在感の弱いものになっています。ところが、このことに、まったく矛盾することですが、いつも「自分」の存在を意識しているのは、心の「世界」でのことなのです。

心は、意志によって、暗くも、明るくも、不安にも、明朗にも自在に変化します。すべては意志次第です。

何があっても幸せな心でいよう、とあなたの決意が不動のものであれば、その「幸せ」が体を支配し、病気で苦しむことはないでしょう。これは単純に過ぎる話ですが、基本としてはこういうことだと思います。

失恋した。悲しい。しかし、それを当然のことと認めてはいけません。あなたが「悲しい」感情を選び取り、それに心の支配を許したから、悲しい。失恋のせいではないのです。実は、あなたは、失恋によって「喜ぶ」ことも、「名誉に思う」ことも、意志次第でできたのですから。

悲しむまい、と少しくらい思おうとしても、失恋＝悲痛の公式が既に知識として頭脳に入力されていることが災《わざわ》いして、あなたの意志は、結局、悲しい感情を選択してしまう。ですから、脆《ぜい》弱《じゃく》な意志力では駄目です。

意志の力を揺るぎないものにするには、日頃からの小さな実習の集積が必要です。どんなことでも自分の意志をきっちり確認して行うこと。食べたい、だから食べる。外に出掛けたい、だから出掛ける。なんとなくしてしまう、を許さない。

さらに高度なやり方としては、手を伸ばすだけの行為にも、あなたの意志で、エネルギーが伝送されていく様《さま》を明瞭に意識（視覚化）する技法があります。この訓練を積んでいくと、通常は意志力で動かないような筋肉や内蔵も、やがて思いどおりに動かすことができるようになります。

心をいつも明るく、肯定的に保つのに、簡単でとても効果の大きい方法があります。病気で苦しむ可能性を小さくする方法でもあるわけです。夜、寝る前の一時間程を楽しいことだけ考える。それだけ。簡単でしょ。あまり簡単すぎて信用されない向きもあるかと思いますが、複雑すぎても面倒でやらない。人間は厄介《やっかい》です。とにかく、やれば分かります。特に、布団に潜《もぐ》りこんでからは絶対に不安や怒りなどの否定的感情を一瞬も抱かない。それだけでいいのです。

こうしていると、まず、見る夢が違ってきます。明るく穏やかな光景、満天の星空、やさしい人々との交流、そんな内容が多くなってくると思います。あなたの心の奥へ奥へ、楽しい気分が浸透していくのです。

昼間活躍していた顕在《けんざい》意識が、眠くなって、稀薄になってくると、潜在《せんざい》意識の活動が際立ってきます。特に、寝入りばなの短い時間は、意志を使って自分の理想像を潜在意識に根付かせるのに、つまり、自己変革に、最も効果的な時機といえます。

元気になりたいというのなら、元気な自分の姿を映像化してください。その映像は、既にそれが実現してしまっている姿で、近い将来の現実を、今、垣間《かいま》見ているのだと理解してください。

物質世界で実現するものは、すべて、心に蒔《ま》かれた種から出ています。種ができた時、すでに実現への第一歩が踏み出されているのです。今は重い額縁に収まった油絵も、鉄とガラスでできた巨大な高層ビルも、ずっと以前には、誰かが心に描いた目方を持たない映像に過ぎなかったのです。

あなたが元気であるためには、元気な自画像を鮮明に描けなければなりません。そして、その像を常に保持しなければなりません。病気で苦しむ自分を一瞬たりとも想像しないことです。

姿勢と病気

胸を張って歩いている病人には滅多にお目にかかりません。病人は病人らしく、首をうなだれて、腹の力が抜けて、歩くようです。気落ちした人は、背を丸めています。

希望に満ちた人は、胸を張り、視線をやや上向きに構えて歩きます。姿勢は、人間の心身の状態を表現してしまうものです。

肉体の中心は、昔から、臍下丹田《せいかたんでん》に在りと考えられてきました。ここに、ここだけに、力が入り、他の部位は弛緩《しかん》している状態が理想であり、健康者はそうなっているものです。

背骨を垂直に伸ばすことは肝要ですが、そうしようと意識し過ぎて上半身を過度に緊張してはいけません。固いのは駄目で、グニャグニャだけど真っ直ぐ、が理想です。それには、頭のてっぺんに糸が付けられていて、その糸の端を天上にいる誰かに引っ張り上げられていると考えると、自然に姿勢が良くなると思います。

臍下丹田（以下「丹田」と呼ぶ）は、解剖学的な位置決めの不可能な「器官」なのですが、臍《へそ》の下3センチ位の所の奥にあると想定して、その辺りに力を込めると、自《おの》ずと、その存在が実感されてきます。強いて言うなら、温かいボールかな。でも輪郭《りんかく》は、それほど鮮明じゃない。

この丹田の背後には骨盤が広がっており、その中央に仙骨《せんこつ》という要《かなめ》の骨があります。この骨が正位置にないと、この上に乗っている背骨に歪みが生じ、内蔵の異常を引き起こすことになります。というのは、背骨の中には自律神経が通っていて、これが直接内蔵に繋がり、さらに他の器官に神経がのびているので、背骨の異常は、ほぼ全身に影響を及ぼすのです。

そこで、仙骨のずれを正して、背骨を正位置に戻し、丹田に生命力を充実させることができれば、病苦の軽減に大変役立つわけです。

これにも、簡単で、著しい効果のある方法があります。仰向けに寝て、両腕は体から適当に離し、脚は揃《そろ》えて伸ばします。息を吐きながら、下腹を凹《へこ》

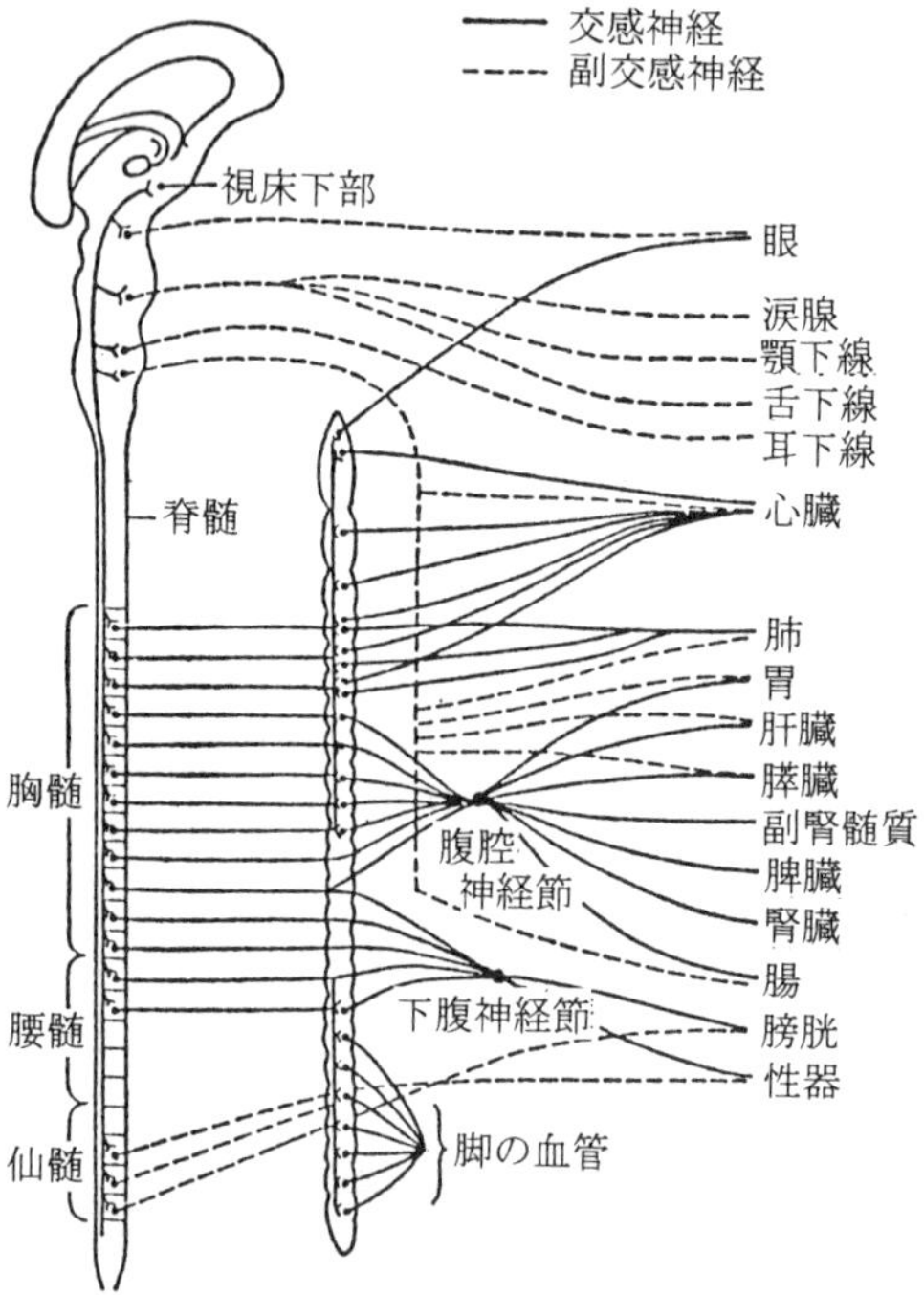

自律神経は、交感神経と副交感神経からなり
その異常はほぼ全身に影響を与える

ませていきます。少し力を入れて十分に息を出し切ってください。そこで、腰を精一杯突き上げ、同時に、下腹を膨《ふく》らます。そのままで三秒間息を止める。次に、息を吸いながら、元どおりの姿勢に戻ります。以上の体操を毎日二〜三回やってみてください。

虚弱なお年寄りなどの場合は、座布団を二つ折りにして、腰の下に敷いて、苦痛のない範囲で長く、仰向けに寝てください。

呼吸と病気

丹田の充実した人は、呼吸がゆったりしています。気短の人は、呼吸が荒く、せわしない。消極的に生きている人は、息に力がない。呼吸に、人の心身の状態、様相がはっきり現れてきます。

呼吸には、一般に知られている重要な役割を遙《はる》かに超えた神秘的な役割があります。ヨガ行者は、呼吸の制御が生命力そのものの制御につながることを知って、プラナヤマ法というものを考案しました。ですから、厳密な意味では、プラナヤマ法を、身体的な呼吸の方法として理解するだけでは余りに不十分なのですが、心身の養生《ようじょう》に役立てようという程度の目的であれば、生命力そのものに直接働き掛ける意識操作を抜いて実習しても、相当の効果が期待できます。

要するに、ゆっくり呼吸することです。さらに言うなら、吐く息を長くすることです。時々、思い切り長い時間をかけて、少しずつ息を吐いてみましょう。体内の病毒が、心の垢《あか》が、息と共に外に放出される様を想像してください。心が静まり、心拍数が減ってくるのが感じられるでしょう。

タバコを吸うと落ち着く、というのも、吐く息に少し力が入り、長くなるからです。タバコに有益な面はなにもありません。

呼吸を、ただ見つめる、という方法は、心身により大きなリラックスを与えてくれます。息の出入りに注意し、入ってきたら「いち」、出ていったら「にい」と心の中でつぶやけばいいのです。背を伸ばして椅子に座ってやります。どこでもできますが、静かな所に越したことはありません。ストレスを強く感じている人は、夜中か早朝に試みてください。睡眠時間が減ることを恐れず、苦痛のない範囲で長くやってください。睡眠の質が高まり、だらだら寝てた時よりずっと心身が軽くなるはずです。

なにかで突然大きなショックを受けたり、恐怖感に襲われたようなときは、思い切り深く、口から息を吸い、下腹に空気を一杯ため、そのまま息を止めてできる限り長く耐えてください。この時、肛門を強く引き締めておきます。この方法は、パニックが全身に広がるのを防いでくれる。緊急処置として最善です。

人間に呼吸が必要なのは、種々の汚れを体外に追い出すためです。もし、まったくクリーンな肉体を持った人間がいたら、呼吸をしなくても、生きつづけることができるのです。そして、実際そういう人は実在しています。

信じられない人は、自分でこんな実験をしてみたらどうでしょう。二～三カ月ほど、肉、魚、およびその加工品と、白砂糖、アルコール、コーヒー、紅茶などを口にせず、夜には、「呼吸を見つめる」方法をやっていると、限りない静寂感の中で、ほとんど息が止まってしまうような経験をされる、と思います。この無呼吸状態を長く保ち続けることができるようになれば、肉体というものは自分の実体ではないことが分ります。肉体の束縛から解放された、喜びの感情だけが強くなってくるでしょう。真実の自分とは、観念で組み立てたものではなく、喜びが光の粒となって小躍《こおど》りしている姿である、と見えてくるでしょう。

食事と病気

食べることが人生最大の楽しみ、と思っている人がいます。確かに、自分流に人生は楽しむしかない。その通りです。が、率直に言って、ぼくは、その人を気の毒に思います。それは、自分に取り込むだけの楽しみで、人に与える性質をもたない、あまりに小さな楽しみだからです。そんな小さな楽しみが、人生最大の楽しみであり得るなんて、寂しい限りです。

「ご一緒に食事でもしながら」親交を深めるやり方が、この国では重視され、もてなしの定番となっています。料亭に政治家と企業家が集い、国づくりの相談がすすめられていることを誰もが知っています。

平気で食べ残し、捨てる、あるいは必要以上に食べる習癖が蔓延《まんえん》していま
す。文明大国では、どこでも似たものなのでしょう。過去にも、栄光を極め
た帝国の支配階層は同種の趣味を楽しんだものです。
無節操《むせっそう》に、「食べる」ことがはびこっています。ひとの家に招かれると、
必ず何か口に入れるものが用意されているものです。話題がないので、食べ
物で口を動かそうという仕掛けにみえます。ぼくは、間食はしませんから食
べません。「それでは客として失礼では」と、無理に食べる人は、体に失礼
なことをしているのです。胃はディスポーザーではありません。話題に困る
ようなら、もともと会う必要がないのです。

食習慣は人そのものをつくります。そして病苦をもつくります。啓蒙的医
学情報が豊富な今では、食物と健康の関係を軽視する人は、多くないでしょ
う。

あくまで食べたがりの人にとって、何を食べるべきか、が最大の関心にな
るようですが、それよりも、食べ過ぎないことが重要だと思います。欲しく
ないなら食べない。少なすぎる害よりも多すぎる害の方がずっと心配です。

また、食べるべきものの知識以上に、食べるべきでないものの知識の方が大事です。白砂糖と肉の脂身、それに化学調味料だけは、すぐさま食卓から追放しましょう。

そうした知識は、十分に理性の篩《ふるい》を通しながらも、体験によって獲得されるべきだと思います。自分を常に観察する。つまり、心の、呼吸の心拍の、胃腸の、便の、声の、皮膚の状態を冷静に見つめる癖《くせ》をつけてください。胃腸がおかしくなったとき、激しい症状でない場合は、四十八時間以内に口にしたものを点検してみてください。

牛乳と卵については、並外れて優れた栄養食品であることを疑う人はいないのですが、真に健康食といえるかどうかについては議論の余地が大いにありますとはいえ、あなたにとってどうなのか。それは、議論より実験で確かめてください。食べてみて、反応を注意深く観察するのが一番です。

例えば牛乳。ラクターゼという乳糖分解酵素を日本人の成人では八割以上の人が持っていない、といわれています。逆に、スウェーデン人で持っていない人は三％くらい、という調査結果があります。（島田彰夫氏・秋田大学）

大切なことは、統計ではなく、あなた自身についての事実です。他の食品を減らして、牛乳を二本飲んで四十八時間様子をみます。その間、あなたの体が快い信号を送ってくれていたら「合格」。あなたにとって、牛乳は良い食品です。

ぼくは、ヨガを二十年ほど前に始めて以来、ほんのたまにしか肉や魚を食べませんが、今日まで、医者、薬のお世話にもならず、なんとか生き延びてきたわけです。動物性蛋白質の害を説明する明快で完璧な理論の持ち合わせはないのですが、「心身に不調和だ」という実感を、ぼくは強く感じます。とにかく、肉を食べると腹に重く、目覚めがすっきりせず、記憶力が落ち、排便がスムーズにいかず、音に過敏になり、感情が安定しない、本を読むスピードが落ち、皮膚に不快感を感じ、行動に機敏さが失われる、などなどの自覚があります。

何よりも、ぼくの重視する証拠としては、チキンカツでも食べた翌日の瞑想は、とてもやりにくくなることです。生命の流れを妨げる汚濁《おだく》物質が悪さをしている、としか考えられません。

これまでの食体験の分析から、ぼく個人としては、穀物、野菜、海藻、果物、木の実などを加工を最小にして食べるのが最良と考えています。

その他、食生活の上で病苦を避けるのに重要と思える点を以下に並べます。

◆就寝の三時間前には夕食を終えておく。
◆なるべく無農薬、無添加の食品を入手する。
◆喉が乾いたら水を飲む。
◆食事中は喋り過ぎず、よく噛む。
◆疲労時には、できるだけ体温に近い温度にして食べる。
◆なるべく自分の住む（近郊の）土地で採れたものを食べる。

排泄と病気

星の数ほど健康法はある、といっても言い過ぎではないでしょうが、便秘のすすめを説く一派が存在する、とは思えません。

また、便秘によって救われた人の体験談を見聞きした覚えもありません。

万物は変化の中にあります。動きの中にあります。アインシュタイン博士より「絶対静止はありえない」のご高説を賜《たまわ》るずっとずっと以前から、そういうことになっておったのです。

流れが止まると、川は澱《よど》んでいきます。やがて、川の死です。清流は、たえず水の変わっている川のことです。

暦《こよみ》による年齢ではなく、実質若い心身の持ち主は、食物も情報も、活発に出入りしています。食物が滞《とどこお》れば便秘。情報が滞れば固執。気持ちが動かなくなると執着。みんな苦労の元です。

便秘は万病の原因。静止は生命の敵。なんとか、流れを良くして、「不用品」を素早く捨てましょう。

基本的便秘対策は、出ていきやすいものを食べ、出ていきにくいものを食べない、という単純至極なことです。この単純な原則に違反している人が、文明大国では少なくないようです。腸に長期滞在する傾向のある食べ物が、そういう人には大いに好まれていることは明白です。つまり、魚、肉、その加工品。白砂糖いっぱいの菓子類、飲物。卵。乳製品。動物性の油をたっぷり使った料理。

便秘を生む食品の多くを、「栄養豊富」の推奨ラベルを貼られているがために、みなさん、常々、摂取に努めておられる。少々の便秘は、栄養第一の原則の下、大目に見てしまいがち。まあ、三、四日に一度あればいいか、といった甘い認識では、近い将来に、深刻な病苦を招きかねません。

便秘を防ぐ、「出のいい」食品を次頁に上げましたが、とりわけ玄米、玄麦などの穀類は、優れています。食間に水を飲むことも効果的です（食事中には何も飲まない。唾液を薄めるから）。

かなり頑固な便秘には、玄米と海藻だけの食事を二週間以上続けてみてください。すっきりすると思います。

「宿便《しゅくべん》」という表現を、東洋医学系の人はよく使います。ヘドロの固まりみたいなのが腸壁にこびりついてる、というのです。しかし、西洋医学系の人が、ファイバースコープを腸の中に入れてみても、そんなのは見えない、と反撃してきます。

ぼくも、宿便をこの目で見たことはありませんが、例えてみれば、ガラス

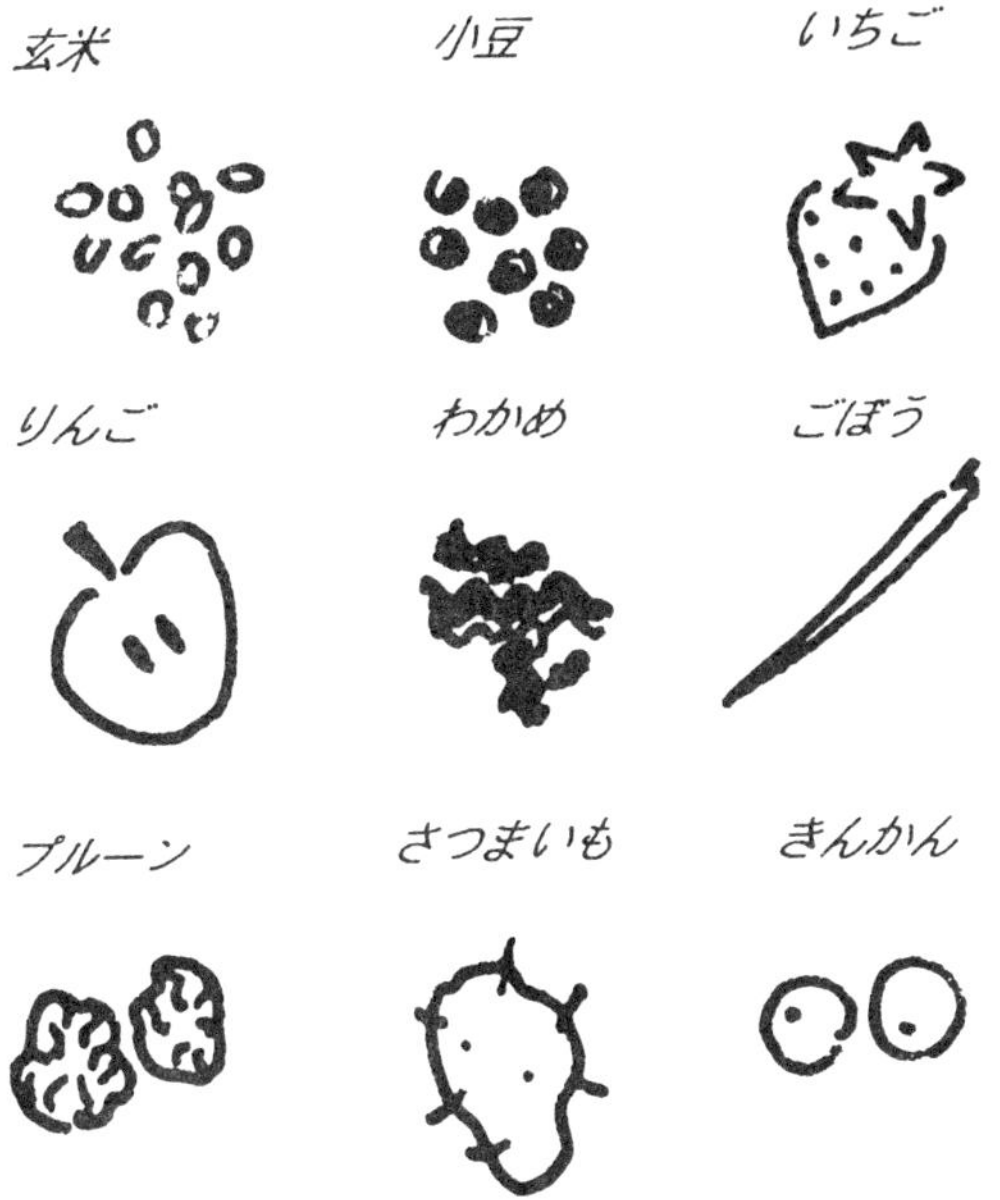
玄米
小豆
いちご
りんご
わかめ
ごぼう
プルーン
さつまいも
きんかん

便秘を防ぐ食品

に雑巾を擦《こす》りつけてはじめて分かるほど微細な汚れに似たものではないか、と推測しています。実際、埃《ほこり》が拭《ふ》きとられると、ガラスは見違えるほど美しくなります。気持ちいい美しさです。宿便なき腸も気持ちいい。ぼくの体験からも、無くなってはじめて宿便の存在が分かるのだな、と思いました。

見えなくても、気持ちよくなる、という実感の方が生命と付き合う上では重要なのです。生命エネルギー自体は、見えない存在であり、実感で掴《つか》むしかないものですから。

睡眠と病気

不眠症が増えている、と聞きます。眠れない、といっても一睡もできないわけでもなく、本人がそう思い込んでいるだけで、実際は、かなり眠っている場合が多いようです。不眠症とは、睡眠不足に対する恐怖症だといえそうです。では「不足」という認識はどこから出てくるのでしょう。なにか標準的、模範的な量を強く意識し過ぎているから、足りないのはまずい、となるのでしょう。

俗に、八時間を必要量とみる説が支持されているようですが、信頼に足る根拠はありません。発明王エジソンは、三時間の睡眠で働き通して、八十四年間の充実した人生を送りました。ナポレオンは四時間。コースティス・バーネットという人にいたっては二十七歳から八十一歳までの五十四年間まったく眠らなかったというのです。天才、奇才だけが短い睡眠で済む、というのではありません。八時間眠らなければ生きていけない、という思い込みが間違っているのです。

観念に縛られて、心身の真の要求に耳を貸さない人は数字だけにこだわります。夜中に目が覚めたら、枕元の時計を見る。「まだ三時か」と嘆息して、「あと五時間！」と心の中で呟くのです。

不眠で悩む必要はまったくありません。眠りたくないなら起きる。何時だっていい。やり掛けの仕事が片付けられます。好きな本が読めます。四時間でも五時間でも、目がパッチリ開いてしまったのなら、睡眠は充分なのです。少々、頭が霞《かす》んでいても気にしない。体が寝不足を感知したら、何日後かには、たっぷり眠らせてくれます。

睡眠は量より質です。できれば、午後の二時から四時ごろの活動力の低下した時に二十分くらい昼寝をとると元気が出ます。会社勤めの人も、さりげなく席を外して、近くの喫茶店に飛び込み、ひと眠りしてみることです。仕事も質が第一ですから、働いているふりしてオフィスにいるだけより、リフレッシュして、実質、会社に貢献できます。

睡眠の質を高めれば、昼間の活動も充実します。病苦からも解放されるわけです。その具体的対策として、ここでは、二つの点だけをあげておきましょう。

ひとつは、夕食を軽くし、就寝の三時間以前に食べ終わっておくことです。内蔵への負担が小さく、自然と、睡眠時間も短縮されます。

もうひとつは、煎餅《せんべい》布団に、枕なしで寝ることです。どうしても枕がいるという人は、座布団くらいの薄さにしてください。背骨の変形をおこさないためにも、フワフワ布団やマットは避けるべきです。ベッドなら畳ベッドがいいでしょう。

寝相の語るもの

スフィンクス型

普通、子どもによくみられるが、まれに大人にも。昼間の活動生活への執着が強い。仕事が最大の趣味。

ミイラ型

布団に完全にくるまってしまう行為は、自己防衛の強い意志の象徴。臆病な人に多い。

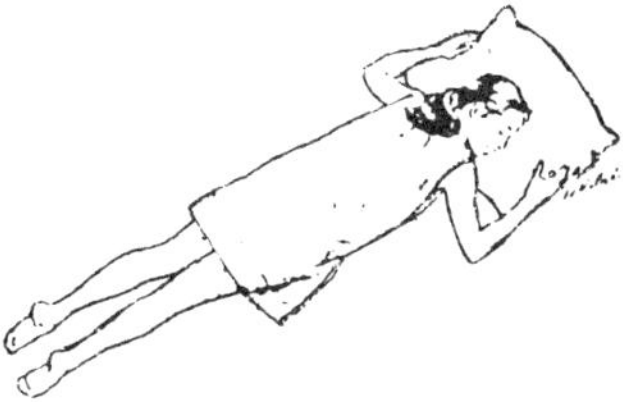

うつぶせ型

気まぐれなことが嫌いで、万全の準備を心掛ける性分。几帳面。否定的にみれば、神経質。

出典:"Sleep Postions:The Night Language Of The Body"
(Samuel Dunkell.M.D.)

運動と病気

なにかと便利に事が済ませる現代、運動不足を感じる人が増えるのも尤《もっと》もに思えます。しかし、「運動」しなければ、と焦《あせ》る前に、あなたの生活をもう一度再点検してみたらどうでしょう。

階段よりエレベーターをよく利用していませんか。
近所への買い物に、車を使っていませんか。
手で済む仕事を電気製品に頼り過ぎていませんか。
少し立っていると、すぐ腰掛けようとしていませんか。
用事をできるだけ家族に押し付けていませんか。
出掛けるのがついつい邪魔くさくなっていませんか。

こんな設問を通して、あなたが、どれだけ自分の体を必要に応じて利用しているか、検討してみてください。

スポーツは、楽しいからやるというならいいけれど、健康のために「頑張る」ものではない、と思います。日常の雑事を、精一杯自力で片付けている人に、「運動不足」はありえません。テニスやエアロビクスに通う時間などないはずです。その必要もありません。

ゆとりを持って生きたい、がために、外食、冷凍食品、育児所、家事手伝い業者、塾、家庭教師などなど、代替品（者）への依存を強め、実は、自らの心身を内側から外側から衰退させていることに気付かない人が多いようです。

あなたの暮らし方が、もし、なにか不健康な原因をつくりだしているというなら、新たにそのための療法を付け加えるよりも、暮らし方そのものを変えてみたらどうでしょう。

スポーツを楽しむ以外に、運動不足を解消するには、歩くこと、しかも少し速く歩くことを、日常の動作の基本にしてください。

歩く。これほど有益で、単純で、安全で、安価な健康法はありません。「ふつう」の暮らしから離れていないのがいいので、わざわざ「歩こう会」なんかに参加して、ぞろぞろ歩く必要はありません。まして、顔をしかめてジョギングなんて、無理は体に毒です。走りたいと思わなくても、電車やバスに乗り遅れまいと、週に二、三度は疾走《しっそう》を余儀無くされるものではありませんか。それで充分、筋肉も臓器も、必要な刺激が得られます。

どうしても、積極的に体を動かさないと気がすまない、という人は、速歩です。五分間以上続けてください。循環器系、代謝系の反応にそれだけ時間がかかります。大股で、両腕を振って、踵《かかと》から着地するように歩いてください。買い物に出掛けるときなど、速歩をして、何人追い越したか、意識すると、いい遊びになります。

とにかく、健康、健康と、こだわるにも行き過ぎがあっては逆効果です。運動で自分を苛《いじ》めることのないようにくれぐれもご注意ください。

光による治療

ヨガの技法には、大人の頭には幼稚なまでに単純に見えるものが少なくありません。こんなことが何の役に立つのだろう、と理性は受入れを拒否してしまうのです。

でも、やってみれば直ぐに分かります。確かに、あなたは変化し始めます。真理は単純で飾りがない。あまりに愛想《あいそ》なく、あなたを動かすのです。時には、その変化が穏やかすぎて自分でも気付かないこともあるでしょう。

成長とともに、人間は、知識を増やし、何事についても複雑な見解を生み育ててきました。そして、単純なものを下等とみなす先入観が固まりとなって文化という「岩」を形成してきたのです。本来、生命は、自在に拡がっていく性質を持っているので、こういう「岩」の中にいると、大変不自由に感じます。

この不自由さは、当然、疲れのもとになります。長い年月、動きを奪われ、閉塞《へいそく》状態を強いられた生命は、やがて過激な反乱をおこしかねません。癌、心臓病、高血圧、糖尿病といった文明国病は、この反乱の姿だといえるでしょう。

本当のところ、「反乱」という表現は適切ではありません。それは、無理解な人間の誤認にすぎず、根本生命にとっては、これも大きな愛情の表現なのです。

少し脇道に入り過ぎました。技法に話を戻します。

病苦の節約法を色々のべてきましたが、最後に、最も極まった方法として、光への瞑想法を紹介します。例によって、やり方は単純そのものですが、非常に高度な内容を持っています。

単純ではあっても、やさしくない、と思える人もいるかもしれません。例えば、百メートル走は、ただ精一杯速く走ればいい、単純な競技ですが、誰でも自分なりに困難を感じるのと同じ。一〇秒で走れる人も、二〇秒の人も、それぞれの限界域で味わう困難は、案外、似たものなのかもしれません。

眉間の奥の、大脳と延髄の交わるあたりに松果腺《しょうかせん》という器官があります。ほぼ頭脳の中心部です。(図参照) そこから真白の光が四方八方に放射されているイメージを描《えが》いてください。

それは、とても眩《まぶ》しい光で、目の裏側にも、光線の束が弾《はじ》けるのを感じて

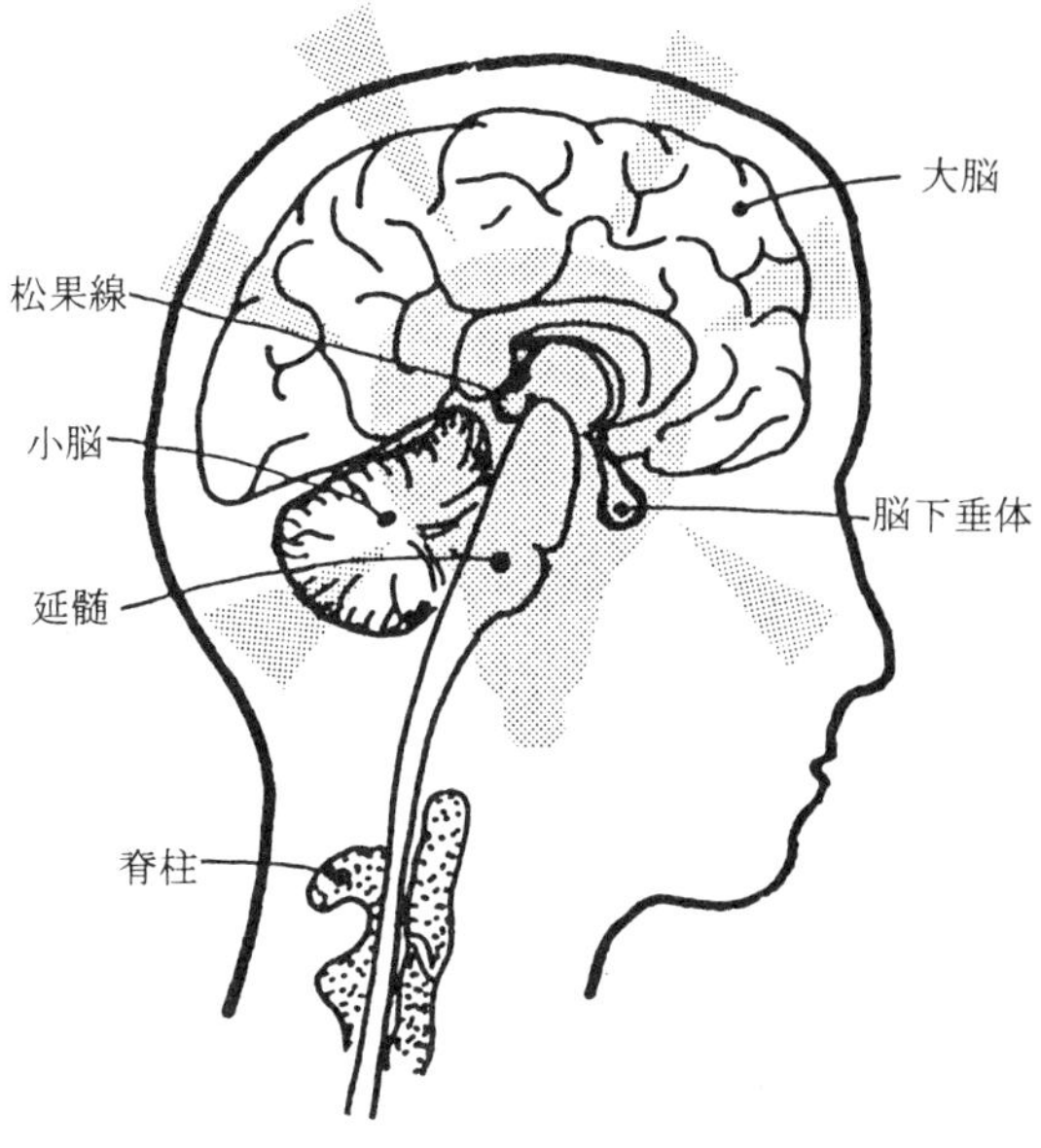

松果線の位置

白い光のシャワーを朝夕浴びましょう。

ください。ほのかに頭の内側全体にあたたかい感触が拡がっていき、平和な気分に満たされます。あなたは完全にくつろいで、真白の光のシャワーを浴びているのです。

すべてが完璧です。欠けたものは、なにもありません。そんなふうに自分を誘導《ゆうどう》して、幸福感に浸ってください。

この瞑想は、正座でも、寝た姿勢でも、可能です。背も垂れ椅子に座ってもできます。ただし、座ってやるときは、背骨を真っ直ぐ保つこと。といって、上半身を緊張しすぎてもいけません。丹田にだけ力が入っている状態にしてください。

大雑把なやり方としては、頭の中に白い電球があって、それが輝いているイメージを浮かべます。最初は、豆球位の「ホノボノ」した光から始めて、こつが分かって来るにしたがって、ワット数を上げていき、真夏の太陽みたいに「マブシイ」光に持っていってください。

この光は強力な治癒力を持っていています。生命エネルギーの原像、あるいは実相といえる光だからです。

古くから、ヨガ行者たちは、この松果腺の中に「梵《ぼん》の座」の存在を認めていました。そこには、八万四千の花弁をもつ黄金の蓮の花が咲く、といい伝えられています。また、イエスのいう「一粒のカラシ種」（マルコ、第四章）とは、この松果腺そのものか、この中にある脳砂という粒の象徴と考えられます。

とはいえ、自分で勝手に想像してつくりだす光が、なんの助けになるのか、と疑われる方もおられるでしょうね。

想像が生むイメージは、すでに現実がもっているのと同等の変化をあなたにもたらしているのですが、それが意識されていないだけ、とぼくはいいたいのです。

例えば、誰かと言い争った、とします。時間にして十分間。その人と別れて、帰宅の道すがら、家での食事中、あなたは議論を繰り返し頭の中で反復してしまいます。翌日の朝になっても、「あの頑固さには呆《あき》れる」と、昨日の相手の厳しい表情を思い浮かべ、また、気が滅入《めい》る。「事件」から、締《し》めて、数時間、あなたは想像力で自分を苦しめてきたことになります。あなたの頭の中の映画館に、繰り返しくりかえし、『言い争い』という名のフィルムが上映されたのです。

極端ないい方をすると、誰もが、ほとんど想像の中に生きているといってもいいのでしょう。万人に絶対普遍の現実という世界はなく、この世界は、あなたの解釈による姿なのです。そして、想像力こそが、その解釈の源なのです。

あなたの意志によって想像された白い光は、やがて自律的な輝きを放つようになります。その後のことは、ご自分で確かめてください。

この光のことを、ただ知りたい、と思わないでください。知ることを優先し過ぎないことです。その光は、もともとあなた自身のものですから、改めて、知られる必要がないのです。それより想像することがずっと大事です。

ある僧侶はいいます、「知るなかれ。知られたものなど取るに足りない」と。

仕事

occupation

なぜ働くのか

誰でも一度は空想してみたことがあると思います。何百億円が、突然、転がり込んできて、その日から働く必要がなくなったら、なんて素敵だろうと。

世間には、しかし、何百億円の資産を持っていながらも、貧乏な人以上に働いている人がいます。お金がないのに、しかも丈夫な体に恵まれているのに、あまり働かない人もいます。

人間というものは、つくづく多様な存在であります。

問題はあなたです。なぜ働くのか。ほんとうに働かなければならないのか。

実利的な面としては、金儲けのため。金のかからない生活で満足できるなら、短く、楽に働き、少し儲ければいいはずです。強欲だと、金の掛かる暮らしになるので、うんと働かなければなりません。

精神的な満足を求めて働く、という面もあります。自分が、誰かの、何かの、役に立つということだけで嬉しい。この気持ちは人間の生来のやさしさから来るに違いありません。

しかし、一方、人間は、名誉、名声に弱いという面も持っています。名誉欲を持ち、少々のことでは満足できない人になると、苦労も相当に増えるでしょう。勿論《もちろん》、その分、喜びも大きくなるかもしれません。努力を厭《いと》わないから、自然と積極的な生き方が身につくでしょう。

どう働くか。結局、それは、選択の問題です。そして、その選択の前に、あなたは、何故働くのか、と自問し、その答を用意しておかなければならないのです。

この問いは、「何故あなたは生きているのか」ときかれるのと同等かもしれません。

何故。

こどもは「何故」が好きです。おとなになると「何故」を口にしなくなります。したくなくなる。することが怖い。そう言うべきでしょう。

多くのおとなにとって、「何故」は、マズイ言葉なのです。なんとか自分を言いくるめてきた虚偽の鎧《よろい》が、石の上に落ちたガラスコップのように粉々に砕けてしまうからです。自分が全くの嘘つきである、と認めてしまうことは辛いことです。しかし、嘘を放置しておくと、時には、深刻な自己崩壊を招きかねません。内側からの反乱に人間は弱くできているのです。

何故生きているか、何故働いているか、今こそ、勇気をふりしぼって、内なる良心に問い掛けてください。

「何故」は、方法を求める「どのようにして」よりも、根本的解決を引き出してくれる最強の鍵《キー》なのです。

生まれたくて生まれてきたんじゃない。と、ひねくれる人もいるでしょう。こういう人は、働きたくて働いているんじゃない、というに決まっています。いま働いている人は、何故その仕事を選んだのですか。何故その職場を選んだのですか。

働くことに、満足していますか。もし、満足していないのに、そこに止まっているのなら、それは何故ですか。

金？

意地？

世間体？

無気力？

あなたは、食うために働いている、と思いますか。もしそうなら、「食い方」を深く考えたことがありますか。小食なら安上がりで、「小働」で済むはず、と思いませんか。

稼業と天職

この国の働き者は、「食う」だけでは満足できず、「人並み」の贅沢《ぜいたく》を享楽《きょうらく》すべく、より多くの収入を求めて、より多く働くようです。

より少ない収入でやっていけないか、という方向で、職を選び、労働条件を検討することは、まず、ないようです。

その点、ぼくなんかは、変わり者になるのかもしれません。いや、ただの怠け者なのでしょうか。自由のきく時間を可能なかぎりとって、好き勝手に過ごしたいので、金はほどほどにして、楽で、拘束時間の短い仕事を選んできました。出世は多忙につながるので極力避け、自分のペースで進められる仕事だけを楽しむようにしています。

しかし、自分だけの喜びに閉じ籠《こも》ってしまうと、その喜びも輝きをすぐに失ってしまいます。

社会の成熟のために必要な仕事で、働き手が不足している領域がいくらもあります。でも、この種の仕事は金にならないことが多く、敬遠されがちです。しかし、そういう仕事は、自分という人間の有用性をあらためて確認できますし、多くの誠実な人たちとの連帯感を味わうことができます。生きて、働いておれること、それだけのことに感謝の念が沸上がってきます。これは大変得する仕事です。

そこで、とりあえず、収入源としての職業である稼業はほどほどにして、損得を越えて使命感を覚える天職に精力を向ける、という戦略を、あなたにお勧めしたいのです。

ぼくにとって、天職のひとつとなっているのが、いまこうして書いていること、つまり本づくりなのです。

どうしても書きたい、どうしても読んでもらいたいことなら、一人の読者がいてくれれば十分、という意固地な方針を貫く出版社が、我が「ビー・クリエイティブ・センター」なのです。

ひとりだから、編集会議は不要。無謀な企画に反対する人もいない。お蔭で、赤字続き。埋め合わせに教師をしているようなもの。とまでいってしまっては教え子に合わせる顔がない。冗談と読み飛ばしてください。

最高なのは、稼業と天職が完全に重なっていることです。それに近づける意志を持つことです。当人がその気にならなければ何事も実現に向けて動き出しません。

天職で食える。これが最高の幸せであり、最も楽な生き方でもあります。

天職とはなんでしょう。

心が、膨《ふく》らみ、ぬくもり、軽くなる仕事。そのことを考えるだけで嬉しく、幸せになれる仕事。そして、少なくとも、この地上の誰かひとりに喜んでもらえる確信の持てる仕事。ぼくは、天職をそんなふうに考えています。

天職には、原則として、働き過ぎはありません。体も心も、今一番したいことをしているから、喜んでよろこんで、活力に溢《あふ》れてくる。生命は、完全な喜びの中にある時、疲労を知りません。

だから、楽な仕事を探す、ということは、天職を探す、と言い換えれます。

天職に生きるためには、ちょっとした覚悟が必要だと思います。周囲の情況や、人の目を気に掛けすぎない、という覚悟です。

あくまで自分を真摯《しんし》にみつめ、ワクワクする仕事を内なる世界に見出だそうとするのです。世間という外界で注目されているとか、将来性を高く買われているとかの戯言《たわごと》には目も耳も貸さないこと。ただひたすら、あなたの心の中にある湖の波紋を読み取ろうとしてください。

生きていくのはあなたです。世間ではない。予想ではない。情報ではない。人間のあなたです。

マスコミや文化人の間では、日本という国はほんとうに豊かなのか、という議論が好んでおこなわれているようです。そういう場に、路上の住人やパチンコ屋住込みの夫婦や一人暮らしの老タバコ店主が加わることはありません。論じることが商売の人だけが寄って論じるのですから、確かに豊かになっているのは論者の先生方だけ。誰もあなたの苦労など知ろうとしていないのす。

たとえ、あなたが、何処かの経済誌のいう「希望のない、衰退一途」の商売がしたくなったとしても、断念するには及びません。誰も、あなたのことを知らずにいっているだけなのですから。

真実だけが天職となる

あなたの生命の中心には、りんごの芯のようなものがあります。この芯は、日頃は極めて無口なので、その存在さえも不確かですから、その賢さに気付くに至っては稀《まれ》なのが当然です。

しかし、感情に注目していると、この芯の言葉が聞こえてくるときがあります。それは、ワクワクしているときです。

人間がワクワクの気分にあるときは、正しいことをしているのですね。いくらもエネルギーが入ってきて、出ていっている感じがしない。

このワクワク気分になったとき、そのときの自分をよく観察しておき、できれば気付いたことを記録しておきましょう。

何をしているとき？

何を考えているとき？

何を感じているとき？

万物万事、原因あっての結果の表れ。種なくして花も実もなりません。人が生きていることは、生きるようにならしめた原因が既に存在していることを示しています。

あなたは、今、何かの結果としての人生をおくっているのです。そして、今の生き方が、明日の生活の原因をつくっているのです。

天職は、あなたの生きる理由を最も納得できるかたちで認めてしまえる仕事だと思います。

時代掛かった言い方になりますが、天職は、あなたに与えられた使命だといえるでしょう。逆に考えると、天職においては、あなたに必要なものはすべて与えられている、ということです。だからこそ、これほど楽な仕事はないのです。

対症療法としての仕事術

天職に出会うまでも日々の暮らしはあるのですから、楽に生きていく工夫は怠れません。昨晩の食べ過ぎが激しい腹痛を今もたらしているというとき、「正しい食生活の心得」では役に立たないのです。とにかく、この痛みをどう取るか、それが急務なのです。

楽に働くために、ただちに試みるべき対策を列記してみましょう。

◆現状の不満、苦痛を、まるで他人様のことのように見つめ苦の原因を究明する。

カルテでも書いてみたらどうでしょうか。それだけで、幾つかの対策が頭に浮かんでくるものです。

◆愚痴より行動。

行動が解決をもたらします。愚痴は、行動を封じ込めるので最悪。愚痴は、苦の「製造機」。努めて慎みましょう。
愚痴の多い友人には、できるだけ近付かない。苦を増幅させられるだけ損です。

◆仕事を遊び心で。
自分が置かれている情況を固定して考えないことです。職場を意識し過ぎると、そこで起こっている一切が仕事がらみでおもしろくなくなります。あなたの受取り方が環境に性格を与えているのです。仕事をゲームとみるとゆとりが持てます。

◆冗談を積極的にいう。
もちろん節度はいります。が、後味の悪くない冗談なら、緊張をほぐすのに最良です。真面目度の高い人は、まず自分に向けて、軽い冗談を発する練習から始めましょう。自分がほぐれれば周囲に「ほぐれ」は必ず伝播《でんぱ》します。

◆結果にこだわらない。
生きていれば有り難い、と大きく考える癖をつけましょう。実際、業績より命です。怒鳴られたら、殺されるよりましだ、と思いましょう。

◆人を極力批判しない。

批判とは、自分を持ち上げることです。人に褒《ほ》めて貰えない人ほど批判精神が旺盛《おうせい》なようです。そして、益々嫌がられ、心を硬く、小さくしていくのです。自分に自信が持てれば、意見や趣向の違い位で腹は立ちません。

◆人生は演技だとみなす。

とても辛いときにはこう考えましょう。本当は、自分は全然困っていないけれど、演技で、困っている男の、女の役を貰って名演しているんだ、と。素顔の自分は幸福だ、と。

正しいサボり方

ここまでくると、犯罪の勧めに近くなってくるような気配ですが、あくまで、周囲への迷惑を最小にしてサボること。あなたの命を守るための非常的処置です。自己防衛の奥の手ですから乱用はいけません。もっとも、「人のため世のため」を常に口にしながら、周囲にえらく迷惑をかけていることに気付いていない人もいるようですが。

この国では、企業戦士の戦死が統計にのぼってこない所で頻発《ひんぱつ》している、とみて間違いないでしょう。

誰だって生きるために働いているのです。働きすぎて死ぬなんて不合理はいけません。組織が人間の命に優先することなど、例外なく、あってはいけないことです。天職への転職まで生き延びんがためにサボりましょう。労働者諸君！

正しくサボる極意その一。『不用意に仕事を引き受けない』

引き受けなければ、サボる必要もありません。悪いことはなにもしていないのですから完璧な「犯罪」となります。

実際のところ、やらなくてもいいことで自分を忙しくしている人がいっぱいいますね。やらなくて、放置しててもいい事をして苦労するほどバカらしい時間の過ごし方はありません。

一日三度の食事。これだって邪魔くさければ食べなくていいのです。となれば、作らなくてもいい、ということです。

年末になると、「忙しい、忙しい」とぼやきながら、御節《おせち》だ、年賀状だ、しめ飾りだ、と個々の仕事の必要性を見直すこともせず、忙しいのは年末のせいだ、と思い込んでいる人がいるのには呆《あき》れます。

そもそも、ぼくには正月がなぜ「目出度い」のか、宇宙がなぜ在るのか、と同様、よく分からないのです。「目出度い」が分からない。誕生日が目出度い、結婚が目出度い、この目手度さとは何ぞや。

新年をきっかけに、心を入れ替えて出直そうというなら、餅を胃に一杯詰め込むより、三箇日《さんがにち》の間だけでも断食して、心身を清浄に保って、これからの生き方を吟味されるほうがよっぽどよかろう、と思うのですが。

目出度い結婚式だもの、と数百万円も惜しまない。ご本人が、それでよければ結構なことですが、後に残った借金の返済が元で夫婦喧嘩が頻発、ついには「目出度く」離婚ということになる場合だってないとはいえないでしょう。「目出度い」とは何ぞや、をよくよく理解していないと不要な苦労を背負い込むことになります。

忙しい＝真面目＝信頼できる。こんな公式が頭脳にきっちり挿入されている人は、ただただ苦労の道を歩むことでしょう。

ぼくは、依頼を受けた時点で、その気にならない仕事は断ることにしています。また、即座に結果の「絵」が浮かんでこない仕事も苦労必然なので、止め。「考えてみる」なんていって時間をかせぐのは双方にマイナスです。自分に嵌《は》まった仕事なら考える時間など不要のはず。持ち帰って、あれこれ考え悩むこと自体、損な話です。

正しくサボる極意その二。『無能ぶる』
うっかりしてると、すっかり有能ぶってしまうのが人間です。仕事を掃除機みたいに吸い込み過ぎて、胸を張る、まではいいが、さあ、始末が大変。いい気分を味わった後は、長い苦しい道が待っているのです。見栄は苦を招く。これは絶対法則です。

反対に、「できません」と始めから無能を晒《さら》してしまうと、屈辱的《くつじょくてき》なお叱りやら嘲笑《ちょうしょう》をあびるのも束の間、後には、楽な道だけが残る、というわけです。

もちろん、「無能人間」に出世は期待できません。これがまたいい。少々実入りは悪いけれど、その引き替えに、心身の安楽を頂戴できます。

自分の能力に真に自信の持てる人なら、世間体や、一時の辱めなど、悠然と耐えて、天職の花開く時まで淡々と待つことができるはずです。それは無理だ、といわれるなら、失礼ながら、あなたは正真正銘無能な人ということになります。だから、本音で「できません」というしかないですね。

正しくサボる極意その三。『自発的にテーマを持つ』

どうしてそんなに優等生ぽい在り方が、サボりになるのか。こんな疑問を持たれる方は、きっとこれまで不要な苦労を散々他人さまから貰い受けて、なぜ自分ばかり貧乏くじを引くのだろう、と鬱々《うつうつ》たる日々を過ごしてこられたに違いありません。

霊障だなんていわないでください。血液型のせいでも、悪い星の下に生まれたせいでもないのです。あなたが、人間を信じ過ぎたせいなのです。それだって、とことん信じているなら苦労どころか、楽々の人生でしょうが、信じ方が極まってないから、人の「振り」に騙《だま》されてきたのです。

コップに水が一杯満たされている。だれも、そのコップに、さらに、水を加えようという愚かなことはしないでしょう。

自分の得意な仕事で、いつも自分というコップを満たしておくのです。

正しくサボる極意その四。『最小の努力で働く』

「バターを切るにはチェンソーよりナイフがいい」という警句があります。

これは、いくらも言い換えができます。

「家庭の住所録整理はコンピューターよりノートがいい」

「植木の水やりは放水車よりジョウロがいい」

あなたも幾つか作ってみてください。そうすれば、つくづく、われわれのやってる事の中には、考えもなく、過剰なエネルギーを注ぎ込んで、自分を余計に疲れさせていることの多いのに気付くでしょう。

不心得は損。疲労を招くだけ。

心得るべきは、仕事の経済なのです。汗を流すから「良く」働いている、のではないのです。流す必要のない汗は慎むべきです。

本当に出掛けて行く必要がありますか？　電話で即座に済ませられませんか。

手紙でなければ？　葉書で簡潔に処理できませんか。

どういう方法で解決しよう？　ただ放置しているのが一番いいのでは。

最大の努力を注ぎ込んで、最小の成果しか上がらない、となると、エネルギー効率だけでいうなら、最悪の働き方ですよね。この手の無駄を、気付かずに、繰り返していることはないでしょうか。

やり慣れている仕事、頻繁にこなしている仕事ほど、慎重な点検の必要があるように思います。


正しくサボる極意その五。『付き合いだけの時間は、体力づくりに利用する』

形式だけの付き合いは避ける。これが原則です。しかし、どうしても同席せざるをえない、そして、意義がほとんどない、という機会もあるでしょう。やることになっているからやる定例の会議などに、その典型がみられるのではないでしょうか。

立場上、とにかく、出席しなければならない。が、言う事も、聞くべき事もない。ただただ忍耐して、終了するのを待つ。

まったく、組織をあげて、こんな会議の無駄に気付いていないことがあるのですね。

人件費を浪費している会議。仕事が停止した分、残業に回る。さらに、余分な出費です。

あなたが社長さんなら、是非とも、会議を減らし、短縮する英断を。それだけで大きな利益になります。

あなたが雇われの立場で、無駄な会議に頻繁に付き合わされている気の毒な方でしたら、次に述べるような、心身に有益な秘術を試してください。もちろん、誰にも気付かれないように。

●目の疲れをとる眼球運動。目をつむって、思い切り眼球を右に、左に、上に、下に、動かします。そして、右回り、左回りに眼球を回転させて、おしまい。スッキリします。

●全身を活気づける導引術。手の指を一本ずつ摘んで左右に捩じる。十本やり終えると壮快です。

●脚の無力化防止法。当然、椅子に座ったままで、踵《かかと》を浮かし、両手で膝頭を強く押さええつける。長い会議には必須の技法。これだけでジョギング並の効果があるのです。

●発言者の言葉ではなく音声に集中する瞑想法。人の声の音色に意識を集中させます。こうすると、理性から感性に受信特性が転換され、発言内容に怒ったり、いらいらすることはなくなります。さらにこの方法の優れた効果として、自他の分離が薄れ、愛による一体感が強められます。人類が意識下で共有している意識を呼び覚ます「鍵」として、音声が働くからです。

仕事の上下

ロシアの文豪ゴーリキーは、「人間の価値がその仕事で決まるのなら、馬はどんな人間より価値があるはずだ」と皮肉っています。

しかし、様々な意味で、人間は仕事に拘《こだわ》っているようです。馬にはできない、人間にしかできない仕事がわんさとあることは、ゴーリキーも含めて、誰でも知っていることです。

また、仕事で人間の価値が決められるとしても、どんな基準で可能なのでしょう。

「政治家は、大工より価値ある仕事をしているか」。

こんな質問を受けたら、どう答えたらいいのでしょう。

どの政治家、どの大工をいっているのか、対象を特定せずに、職業だけで漠然と比較することはできません。

職業に貴賤の別はない、といいます。にもかかわらず、国会議員ともなると、実質を問わず、世間は「エライ先生」とみてくれるようです。また、反面、頭から悪徳の輩《やから》と決め付けられることも少なくないようです。いずれも、真実の個人を抜きにして、職業イメージだけが先行した理不尽《りふじん》な見方です。

「少数の支配的立場」の職業を尊び、「多数の被支配的立場」の職業を卑しむ、という性向から、「昇進」、「昇格」、「累進」、「栄達」などの語が生まれたことは明白です。

人間が、上へ上へ昇っていこうとすることは、一個の人間の意志や努力を超えた宿命的運動本能である、とぼくは思います。これがなければ、この宇宙が成り立っていかないのです。

時間が、たえず過去、現在、未来という一方向にしか流れないのと同質の法則性が、この上昇運動にもみてとれます。

問題は、「上」が何を意味するかです。

世間という場では、必ずしも、人間が本質的英知として備えている「上」の概念がむきだしに表れてくるものではありません。

職業において、この「上」を決定づけている要因は、その時代の、その地域の、社会的価値観に負うところが大きく、不動のものではありません。最大多数が、最上とみている職業が花形で、それに就く人がエリートとなります。

最大幸福の源である天職は、こうした社会の認めた上下の物差しが全く役立たない次元のものです。

時代のエリートになっても、当人にとってそれが天職でなければ苦労必定《ひつじょう》であります。

天職は、働くことそれ自体において、最大の幸福、充実、達成の感情に恵まれている状態にあります。そこでは、「上」は内的な羅針盤の示す方向であって、世間の目に明らかなブリキの標識上に読み取れる矢印のようなものではありません。

楽しくてしかたがない仕事に励む人の心には、天まで届こうかという無限の階段が待っているのを感知していても、今、自分のいる位置を屈辱的、敗北的なものに感じることはないでしょう。

宿命的運動本能に従順に働けば、前途の未知なる困難も、途方もない最終地点の遠さも、現在の喜びを僅《わず》かばかりも曇らせることはできない、とぼくは信じます。

仕事は「助け」

苦労を少しでも減らして生きる方法をあれこれ書いてきました。ここまで読んでいただくと、ぼくの基本姿勢は、真理が人間を楽にする、に要約できることがお分かりでしょう。

真理に基づけば、最短距離で目的が果たされる、最小の努力で済む。だから、根本的苦労対策は、真理の発見にある、といいたいのです。

人間として生きる限り、人間に秘められた真理を知ることなく、楽に生きることはできません。

真理というものは、しかし、はい、これが真理です、と道端に落ちているわけではない。壁に掛かっているものでもない。姿も、匂いもないものです。目で確かめられないものは存在しない、と思い込んでいる人が結構いますが、この思い込みを捨てないかぎり、真理を実感することは不可能でしょう。

真理を覆っているベールを剥ぐには、こんな実践を心掛けてみてください。見栄は捨てることです。知らないことは知らないといいましょう。スッとします。軽くなります。

高い食事に誘われたら、お金がない、とこたえましょう。恥ではありません。見識です。言ってしまえば、安堵《あんど》の心。

嘘を減らしましょう。そう、とりあえず減らす。心をいつも透明に保ったため。世間の真意が明瞭に見えます。

単純で、正直な心に、真理は隠れ場を奪われ、現れてきます。いつも喜びという感情を伴って。

思い切って、お年寄りに席を譲ったとき、気恥ずかしい中にも、熱いものが胸の中に広がっていく経験をした人は少なくないはずです。そこに真理が顔を出しているのです。

真理は、必ずしも、神秘的な修行に拠《よ》らなくても、こうした日常の姿勢を改革していくことによっても掴《つか》み得るものだと思います。

高い意識に達した聖者だけが真理を占有しているのではありません。われわれすべてが真理に生かされているのですから。

太陽の光は、事実の世界では、物理的な存在にすぎませんが、その光の恵みは、真理の世界では、万物の永遠の生命を慈《いつく》しんでいるのです。

真理は、事実のように短命な正しさではありません。目先の成功ではない。即席の利益でもない。

真理は究極の正しさ。永遠の寛《くつろ》ぎ。それは遠くにあるものではなく、今、ここにあるものなのです。

働くことの真理が、純粋に結晶したものが天職です。

天職こそが、苦労なく幸せな働き方だ、と繰り返し述べてきました。

さて、この章を締め括《くく》るにあたって、仕事の持つ重要な真理の一面である、「助ける」という行為を取り上げたいのです。

これは、天職の本質が、そのまま行動となって表れた姿です。

大阪の商人は、「働く」は「傍楽《はたらく》」だ、という冗談をよく口にします。つまり、傍の人間を楽にすることが、「働く」本義なのだ、というのです。まったくその通りだと思います。

本物の仕事、つまり天職は、何等かの意味において、人間に幸福をもたらす助けになっているものなのです。

自分だけが利益を得、自分だけが楽に、豊かになる仕事は、天職とは呼べません。

けちは天職に就けません。

他人に助けてもらおう、助けてもらって当たり前、と甘えてばかりいる人間は、「けち病」の重病人です。

実際、病気を言い訳に、自分でできることもせず、あれをしてくれ、これをしてくれと他人に要求ばかりする病人は、慢性の病苦に逃げ込んでしまい、一生を棒に振る危険性があるように思います。病気を「避難所」にしてはいけません。

刹那《せつな》の楽を求めるやり方は、結局、損になります。長い目でみて、大きく得し、楽するには、他人さまに何を差し上げようかを日夜考え、実行することです。しかも、頭だけで満足してもだめで、心がウキウキすることでなければなりません。

人の不足を知る。不満を知る。そうすると、それらを満たす仕事が天職になることが直ぐ分かります。

天職を探し求めておられる方は、人の苦労、不満、不足、不安、などなど「歓迎されざる世界」をよくよく観察しなければなりません。

優れた実業家は、人の困っている事に目敏《めざと》い才能をもっているものです。かといって、そこに付入って、金を絞り取ってやろうという目論見《もくろみ》では事業は旨くいくわけがありません。

人様の苦労を少しでも軽減したい、という愛情の上に事業が展開されるときこそ、それは天職となるのです。

人に喜んでもらいながら発展する企業には、社会が一丸となって味方しますから、その企業の基盤は益々強固になり、安定した経営が可能になります。利己的で強引な商法は、結局、敵を増やすばかりで、やがて、厚氷に閉ざされて身動きのとれない船舶のように、冷たい敵意の中で命を失う運命になるのです。

個人としても、自分が生きていることが、そのまま、人助けになるような人生が最高だと思いませんか。

もっと多くの人が、他人の困難にいつも手を差し延べる用意と、それを実践に移す熱意を持って生きておれば、世間はずっと住み良い所になるはずです。家庭でも、職場でも、苦労は激減するに違いありません。

ぼくは、人間がこの世に生を受けている最大の理由は、愛というものの意味を、数々の体験を通して、実感することにあると信じています。この世は、愛を学習する学校だ、と思っています。

愛とは、与えること。援助の手を差し出すこと。それでお終い。完結。見返り不要。だた、与える一方向の行為。お返しを我慢するのではなく、嬉しくて嬉しくて、思わずそうしてしまう。

この意味では、愛というものは未だ十分に理解されていないようです。貰うことばかりを求めて生きる人間の方が圧倒的多数にみえます。

だからといって、キリスト教者がいうように、罪を抱えて、人間をやらされているとは思えません。ただ、われわれは、自分の完全さに気付いていいないだけなのです。地上の大多数の人間は、神ではないから汚れている、のではなく、神と同質の材料でつくられていることに自覚が及ばない段階にあるだけなのです。

プールに、水を満たしたコップを手に潜《もぐ》ったとき、そのコップから水が零《こぼ》れ出ていく姿を、あなたは確認できるでしょうか。

ぼくは、自分が神と一体であることを、完全な形で自覚できないことに失望していません。

自分が「それ」そのものなら、「それ」であることの認識において、判別に困難を感じるものではないでしょうか。要するに、うっかりしているだけのことです。完全な知覚をもてば、「それ」だからこそ「それ」であることが分かる、のですが。

神が見えないのは、すべてだからです。すべてが神だから、神でないものとの区別のつけようがなく、認めにくいのです。

神と人間に共通の材料、それが愛です。

その愛が、神を形成している素材であり、自分自身であり、あなたである

ことの確信をぼくは持っていますが、そう語る以上には、ここに何も示すこ

とはできません。

「病気」の章で触れた光の瞑想法の光とは愛のことなのです。

この光は、頭脳のレベルでは、抽象概念でしかない愛が、感覚器官のレベ

ルで把捉されたものです。

このことを、もっとハッキリ確かめたい人は、想像上の光源を、頭ではな

く、胸の中心（乳首の高さ）に移して瞑想を試みてください。全身が「やさ

しさ」の蒸気の中に浸っているように感じてください。温かい白い光が、胸

を中心に、頭、手先、足先と、八方に放射されている光景を生き生きと想像

してください。

深い愛を知る人からは、浸透力のつよい「やさしさ」の振動波が発信され

ています。この宇宙は、尽く、その愛でつくられているのです。

愛を表現する仕事以上に、有意義で、安全で、楽な仕事はない、といえる

でしょう。なにしろ、宇宙のすべてが味方なのですから。

人間関係

human relations

気がね

人付き合いには苦労がつきものです。やや鬱《うつ》病的な人が増えている時代だ、という話を聞きます。ぼくの所に相談に来られる方も、確かにそのタイプが目立ちます。

人とうまくやっていけない悩みを持つ人は、概して、「ノー」が言えない性格のようです。人間嫌いを公然と口にできる人は、平気で「ノー」が言えるので、それなりに、勇敢ですが。（といっても、「人間嫌い」には別種の大きな苦労があるようです）

何故「ノー」が言えないか。明らかに、人の機嫌を損ねまいという気遣いからですね。代わりに、自分が我慢する。我身に苦を引き受ける。そんなことばかりやっていると、当然、鬱積《うっせき》してくる。ある日、突然（に見える）、無気力感に襲われます。すべてが倦怠になる。自分の真面目さに腹も立つのです。

確かに、耐えるという体験は必要でしょう。しかし、人生は耐えるしかない、という考えはいただけません。なんと、生きることは苦しむことだ、とまで観念してしまっている人がいます。敗北者の誇りといったものを持っているような人にも、よく出くわします。

楽しめないのは、生きることは楽しむことと違います。生きることは楽しむことです。

その原因はどこにあるのでしょう。世間とか、誰かのせいではなく、あなた自身のせいではありませんか。

耐えることが、数ある手段の中で、一番楽な場合にのみ、そうしよう、というのがぼくのやり方です。でも、そんな場合でも、おもしろい耐え方はないものか、と考えます。おもしろく耐える、ということは、表現上矛盾していて、やっぱり、耐えていない、ことかも知れませんが。

ぼくは、儀式の類《たぐい》は嫌いなので、式と名の付くものは極力辞退します。母の葬儀も、プロの坊さんを呼ぶと面倒な次第になりそうだったので、自分で法華経をあげ、ライトバンで火葬場に送りました。弔問《ちょうもん》の大半は義理の客です。自分もしたくないことは求めまい、というので、ほんの僅かの近親者だけに参列してもらいました。

もちろん、この簡素な葬儀は母自身の遺志と、喪主のぼくの、死体はごみ屑に過ぎないからモノ扱いでいい、という宗教観によるもので、一般にお勧めできる筋のものではありませんが。

他人は、あなたが考えている程あなたのことなんかに関心はないのです。残念かもしれませんが、それが事実です。

真剣に考える対象がない時だけ、誰かの消息なり、言動を話題にして時間を潰す習性を持つのが人間というものです。生命の本性として、何かをしたがっているだけ。そんな時でも、話題の人物そのものに関心があるのではなく、話題を持ち出している自分に関心があるだけなのです。自分の存在しない世間にあなたは興味が持てますか。

また、無類の噂《うわさ》好きがいて、あなたの「ある事、ない事」を喜々として話題にするかもしれませんが、その手の人は、幸いなことに、世間でも、全く信用されていないものです（世間という怪物は、恐ろしく出鱈目《でたらめ》であったり、感動的なほど正確であったりするのですね。世間はワカラン！）。

気がねは損です。

人を思いやる心は、もちろん、大切で、迷惑をかけない配慮は絶対に必要です。しかし、飲みに行くのを誘われて断ることが迷惑行為かどうか考えてください。

繰り返します。他人は、ほとんど、あなたには関心がないのです。あなたは、もっと気ままに振る舞っていいのです。

敵意

「怨憎会苦《おんぞうえく》」という言葉が仏教で使われます。平たくいうと、嫌いな人と一緒になってやっていく苦しみ、をいうのです。生きていく上で、誰もが避けられない八つの苦しみ（「八苦《はっく》」）のひとつとされています。

生存の本質は苦にある、という真理を「苦諦《くたい》」といい、そこから「八苦」が観える、と仏教では考えます。

もっとコワイ仏教用語があります。「一切皆苦《いっさいかいく》」。これは分かりやすい。何もかも、世間のことは苦そのものだ、というのです。

まったく、仏教というものは、この本と正反対の真理を説くものなのでしょうか。おこがましくも、ぼくは、お釈迦様と真っ向から対立しなければならないのでしょうか。

怨憎会苦を考える前に、少しだけ、この大問題の方へ寄り道させてください。

仏教の用語は、この世の大多数の凡俗の側に立って、苦を写生しているのですが、お釈迦様は、だからといって、世の中はこんなものだから、あなたも諦めて、苦しみと共に生きるしかない、といっておられるとは思えません。「苦諦」にしても、苦に見えるものを正面から直視してみると、何も実体がないことに気付く、と解釈すべきだと思います。

事実の世界は苦にみえる。けれども、事実を指摘するだけでは教えではありません。教えは、あくまでも真理でなければなりません。真理は、必ず、苦を消し去ります。仏の教えが真理に基づくのなら、苦は生き残れるものではありません。お釈迦様が地上に現れたのは、仏典を残し、それを研究させるためではなく、苦しむ人間を救うためであったはずです。

お釈迦様ご自身が真理でありました。真理は、ご自身の内側で喜びの光として自覚されたに違いありません。その喜びの光は万人に例外なく備わったものであり、わざわざ外に求める必要がないことを悟られた、と思われます。

苦行なんていらない。断食をしなければならんものでもない。お経を唱えなければならんものでもない。まあ、楽にいけ。そう悟られたんだ、と思います。

「自身《おのれ》を灯明として生きよ」という言葉がお釈迦様の遺言とされますが（その真偽はどちらでもいい）、ここにこそ文字に写された真理を見出せるのではないでしょうか。おまけに、とても実用的な真理であります。これだけを実感すれば仏の心に通じる便利な真理です。真理は考えても分からない。灯明を見るのは、頭ではなく、心です。曇りのない心。子供のように率直な心です。曇った心に、灯明は霞《かす》んで見えるだけでしょう。

怨憎会苦に戻ります。

嫌いな人と一緒にいることは辛いことです。だから、その人にできるだけ近付かなければ問題ない。自分が注意して、避けておれば済む。いうまでもないことです。

しかし、避ける、という意識を維持するのは疲れるものです。

そこで、ぼくのやり方は、「避ける」ことを頭に置くことはせず、会いたい人を増やし、会いたくてたまらない人に優先して会います。そうすると、嫌いな人には、自動的に、さく時間が無くなるのです。

そもそも、嫌いという感情をぼくは持ちたくないのです。そう思ってしまいそうな人は、避けたい。友人でも、嫌いな面を見せ付けられそうな条件下では接触を控えます。

「好きになれない」という漠然とした負の感情を自覚しだすと要注意で、やがて、嫌悪感に発展し、遂には、敵意に高じてしまいます。

敵意にまで育て上げる前に、その人のことを考えそうになったら、別の楽しい材料に置き換えて、そのことで頭を一杯にしてしまいましょう。実際、ワクワクする仕事に追われている人は、少々の不快なやり取りなど思い起こしてる暇もないはずです。時間ばかりたっぷりあって、打ち込む対象を持たない人が、嫌悪や敵意を増大させるもののようです。

同じ屋根の下で過ごす夫婦、兄弟、上司と部下、同僚、などの間に、嫌悪の情が割って入ってきて、どんどん大きくなってきたらどうしましょう。会わずにおれない、避けられない状況です。

職場なんかで、その人以外の人とはうまくいっており、仕事も待遇も申し分ない場合、オニになってでも、いびりだしたくなるのが人情ですね。

敵意というものは、時に、厄介《やっかい》にも、自覚の底に潜ってしまい、何に不快を感じているのかよく分からんが、とにかく毎日がおもしろくない、という症状をもたらすこともあるようです。

キリスト教徒でなくても、理性としては「すべての人を愛すべきだ」と納得していながら、実行できていない自分に強く嫌悪を覚える人もいるでしょう。

敵意に限らず、感情というものは、それを感じる当人の中にあるわけです。ここが肝心の点です。

敵意は、あなた自身の中にあるのです。相手が敵意の固まりにみえる、といっても、それはあなたが自分の頭の中に形づくった固まりでしかない。この事実を認めてください。そして、直ちに、その固まりを砕く作業に入ることです。

生じた場所で、その処理をするのが賢明です。頭で作られたものですから頭で潰しましょう。

こんな方法があります。嫌いな人を、可能な限り鮮明に頭に描いてください。あなたの感情は、それだけで不快のサインを示し始めるでしょう。その感情を、無知な子供を叱りつけるように、「表面に騙されるな。この人の本質をしっかり見よ」と、毅然《きぜん》と、心の中で自分に命令してください。

その人の中に、白い光が踊っている、と想像してください。この光は、既に述べた、あなたの頭に描き出した光と同じものです。

こうして白い光を見つめていると、自然にあなたの嫌悪感が、敵意が薄らいできます。

あなたは気付きます。その人と自分が繋がっていることに。さらに光の認識が深まれば、二人は、パンとうどんみたいに見掛けは違っていても、実は、小麦という同じ材料でできていることが分かってくると思います。

こうもいえます。同じ手の親指と小指が、自分こそ「優れた指」だ、と啀《いが》み合っているようなものです。「自分」といったって、互いに、共通の根としての手の一部に過ぎないのですから、本質的には同じ生命体なのですね。

他人に向けられたはずの敵意も、実は、自分に向けられているのです。ばからしいと思いませんか。

愛は物理的力でもある

白い光は、どうしてこんなに不思議な力を持っているのでしょう。この光の正体は何なのでしょう。

愛です。この光が愛の姿なのです。

この愛こそが人間の正体なのです。それは言い方の問題だけで、光こそといっても、波動こそといっても、それぞれに間違いのない一面を語っている、といえるでしょう。

この白い光に一番近い、しかも、誰でも容易に目撃できる光は太陽の光です。

太陽は、惜し気もなく、使用料の請求もせず、地上の生命に膨大なエネルギーを供給し続けてくれている「大恩人」です。

不思議なことに、あなたの心の世界でも、この太陽に似た白い光が現れると、実に大きな恩恵がもたらされます。

真夏の日中の太陽が、普通、われわれの知る限り最も強い光源といえますが、心の中の太陽は、もっともっと強い光を発することができるのです。まあ、しかし、凡人が高望みしすぎても苦労をふやすだけですから、自然界の太陽を心に再現するので十分としておきましょう。事実、それだけで、苦痛は軽減するし、憂鬱《ゆううつ》は払われ、楽しくなりますから。

真理を大悟して聖者たちはいいます。この宇宙は愛でつくられている。愛はすべての原料《もと》である、と。

太陽の放つ光と熱も愛。

地球と太陽の間に働く引力も愛。

リンゴを地上に落とす重力も愛。

気にかける人の姿を心のスクリーンに映写する光も愛。

銅を、御影石を、綿を、それぞれに特性を持った物質として存在せしめているのも愛。

人と人が引かれ合うのも愛。

みんな愛のせいです。みんな愛の中に生きている。また、生きているものの中には愛が充満している。聖者はそう語っています。

注意してください。決して、愛を、道徳的な価値として述べていませんね。

人間が道徳的であろうとすることはしんどいことです。苦労の種になりがちです。

愛の作用を発現させ、その力に添って行動すれば、道徳が目指している役割を、ずっと楽に、しかも正確に果たしてくれるに違いありません。道徳という観念の指針は必要なしです。

人は愛すべき、というのが道徳。これでは愛することが辛い労働になりかねません。

人を愛さずにはおれない。愛の力に自分を完全降伏して生きれば自然にこうなるはずです。

何をしてもいいのです。愛から自発的に要求される行為はすべて「正しい」のです。

人殺しも？　決まって出てくる疑問です。この疑問自体、道徳の鋳型に嵌《は》まった頭から出てきていることに注目してください。いかに考えるだけの頭が有害か、を示しています。人殺しなんてできない人間までが、それは「許されていない」から、しないのだ、と思い込んでいるのです。とんでもないことです。たとえ、許されていようが、殺せない人には殺せません。

ぼくなんかも、軽い感覚で、あの人が逝ってくれれば楽になるのに、と考えていることがあります。殺意と呼ぶには稀薄すぎますが、そんな時、つまらぬ道徳が自分の中に蠢《うごめ》いているのが分かります。血腥《ちなまぐさ》いことではなく、自然死なら願っても罪が軽そうだ、という計算が微《かす》かに働いているようです。

あなただって、これまで、人殺しの犯行に及ばずに済んだのは、愛が勝っていたからです。道徳のせいでも、監獄行きの恐怖のせいでもない、と思います。

もし、不幸にして、「やって」しまった人は、後悔以上に愛の発掘に力を注いでください。あなたに愛が欠けていたのではなく、その存在に気付いていなかっただけなのですから。

愛の支配に委《ゆだ》ねきれていないぼくとしては、なにがあっても殺人は犯さないと断言することなどできるものではありません。

凶悪犯を新聞やテレビが叩《たた》く場合、「許せない」という言葉が頻繁に使われるものです。「許されない」のが犯人であり犯罪であることは分かります。でも、「許さない」のは誰なのでしょう。警察？　被害者？　社会？　マスコミ？

良識ある人間ならやれない、ということなのでしょう。その良識とは道徳の知識をいうのでしょうか。もしそうなら、良識があるくらいでは、犯罪の完全な防止は無理だ、とぼくはいいたいのです。

犯人だって「許される」と思ってやったわけではない。「許されない」から無理に反抗してやろう、というのでもなく、その気になってしまったからやった、というのが真相である場合が多いのではないか、と思います。

犯罪は、それが起こった社会に生きる人間の否定的な想いが結晶したものでもあります。社会が丸ごと関わっているのです。

金が欲しい、金が欲しい。世間の多数の人が貪欲を募《つの》らせていくと、どこかで誰かが銀行に押し入りたくなります。欲しいという想いの波動で人間が共鳴してしまったのです。犯人は愛の力に少ししか目覚めてなかったので、手段を慎重に選ぶゆとりもなく、欲望の波動に押し流されるように、銀行に飛び込んだのでしょう。

宝くじに人が押し寄せる。その熱気は、金を至上の価値とする想いを世間にばらまき、子供達もそう考える人間になっていきます。宝くじは夢を売っているのではありません。金への執着を煽《あお》り、金に恵まれない自分を惨めに感じさせる悪夢を売っているのです。

困ったときには、宝くじや友人に助けを求める前に、あなたの中に輝く白い光、つまり愛の力に縋《すが》ってみてください。

机の上に置かれた一枚の葉書に、息を強く吹き掛ければ、フワッと動きます。マジックでも奇跡でもありませんね。そんなふうに、愛は、あなたを突き動かします。試してください。

恋愛

天にも昇る気持ち、という言葉を知っていても、実際に、この気持ちを経験することはそうそう多くない、といったら、あなたもきっと頷《うなず》かれることでしょう。

飛び切り好きな人と一緒にいると、正に、この気持ちが味わえます。恋愛は、他の何にも増して大きな喜びを与えてくれるものです。しかし、それだけなら、この本で取り上げる必要はありません。他の何にも増して苦しい思いを味わうことにもなるので、触れなければなりません。

愛が喜びをもたらす、と繰り返し述べてきました。だったら、どうして「悲しい恋愛」というものが存在するのでしょう。

腹の黒い神様。

思いやりに満ちた悪魔。

良く暖まる冷蔵庫。

みんな実在してはいけないものです。

矛盾。表現の上の矛盾です。

思いやりに満ちた神様、とすればスッキリしますね。ということは、恋愛は愛ではない、とでも。

ぼくは哲学者ではありませんから、定義よりも実質を問題にします。苦しむ恋愛はおかしい。とにかく、愛が苦しみの原因となることは認められません。

では、何故、恋愛で苦しむ人がいるのか。

その苦労の原因には、ふたつの場合が考えられます。

ひとつ。愛の無い恋愛。恋愛体験そのものに憧れただけで、実際のところ、相手をまるで愛してなかった。

ふたつ。不完全、未熟、半端な愛に基づく恋愛。愛の完全性に欠ける部分があり、そこが痛んだ。虫歯みたいなもの。

このいずれかに当て嵌《は》まる場合に苦労するのです。

といってみたものの、これでは人生相談欄の先生の回答みたいに、紙面を字で埋めておけば金になる立場の気安さそのものかな。

さらに掘り下げます。

リンゴを上空から地上に引き落とす重力は、一方向に働きます。ここに完全な愛の姿があります。この重力は、落ちたリンゴを吸い上げる仕事はしません。それはなし。落とすだけ。それだけで、重力の仕事は完結しているのですから。

愛するという行為は、あなたから、相手へエネルギーを伝送することです。当然、流れは一方向。

そして、あなたは、エネルギーを与えることができた自分に、完全な満悦を覚え、仕事を悔いなくやりおえた人だけが味わえる安息の喜びに浸れるものです。

ところが、世間では、まったく一八〇度ひっくり返った愛の解釈を当然のことと考える人が少なからずいるようなのです。

貰う喜びをもたらすものが愛なのだ、というケチな誤解がそれです。貰えなかった人が、その話を本に書いて「悲恋」だの「愛の破局」だのいって騒ぐ。そこに、私も、私も、とケチな人が同情の誼《よしみ》とでもいうのか、共感し、連帯して、「愛には苦痛が必ず伴うもの」との教訓を確かめ合い、不動の真理と思い込んでしまっているのです。

恋愛の苦痛を嘆美《たんび》する文学の影響を受け過ぎた人たちは、苦痛自体がカッコいいと錯覚しているようです。また、こうした文学は、人間を低いレベルで共鳴させることには成功しても、生きることの根本解決に役立つことは極めて小さい、といわなければなりません。

苦労を味わう度に、慰めを求めるだけでやり過ごしていると、永久に楽になれません。苦労の原因を掘り起こし、それを直視することです。

肉に食込んだ銃弾は、少し痛いけれど掻《か》き出すしかありません。一時の慰めに、止血薬を塗ってごまかすこともできますが、やがて、より大きな苦痛を味わわなければならなくなります。

事実を直視できない人には愛は実感しにくいでしょう。

悲劇の主人公を演じる癖を捨てるのです。悲劇などというものはどこにもないのです。あなたが悲劇を大脳の舞台に作って辛い悲しい独り芝居を演じているだけですよ。拍手をおくる人もなし。ご苦労さま。

飽きる愛

世に、「片思い」なる表現があります。もういうまでもなく、この言葉に、世人は、与え切る愛に完全を見出だせず、悲嘆の情を込めたのです。

おそらく、「わたしは絶対に片思いで完璧なんて愛は信じられない」と、断固、相思相愛《そうしそうあい》でなきゃ派の読者もあろうか、と推測します。

その方には申し訳ありませんが、この本に、はかない一時の慰めを求めるのは見当違いなのです。檜《ひのき》の湯船につかって演歌でも唸《うな》るか、慢性的にモテない友人を誘って自棄《やけ》酒でも煽《あお》る方が、その目的には効果あり、と思えます。

「片思いはイヤ」は、ケチであります。だから、与えるのはイヤ。絶対に欲しい。欲しい欲しい、の人なのです。

『ケチほど、飽き症である』。

学問的根拠は皆無でありますが、学問は、まあ、真理「音痴」と考えて間違いないので、ぼくとしては、直感的に、これを真理とします。

ケチな人の愛は短命。線香花火型。十円玉ひとつで熊本の人が札幌の人と電話で話せる時間くらいしか「続かない」という感じ。

貰うことしか頭にない愛は愛ではありません。まるで方向が違っているのです。偽物だから短命なのです。そんなのを恋と呼んだりするのでしょう。「ひと夏の恋」なんて言葉があるくらいですから。

とんでもない。愛に終りはない。寿命はないのです。

生き別れようが、死に別れようが、本物の愛にオシマイはないのです。飽きる、という性質は愛のものではありません。

愛は時間や空間に制限されない絶対的力であり根本的構成原質でありますから、永久に現役なのです。

誰かの顔が浮かんできた。そこに愛が働いています。その顔の主に愛のエネルギーが伝えられます。必ず、時間差無しで届きます。そして、何等かの作用を生じるのです。三次元の因果としては把握しにくい場合が多いでしょうが。

おもしろいことに、愛は与える程嬉しくなるものなのです。出した分以上に入ってくる、という不思議な性質も持っています。

だから、嬉しく生きるためには、たくさん愛を与えることです。友人、家族などの近い間柄の人に限ることなく、惜しみ無く、刹那《せつな》の出会いにも、ひとりひとりに愛を注いでください。

あなたが本気になって実験すれば、これが単なる勧善のための方便でないことを確認されると思います。愛の字を頭に納めているだけでは、愛の働きの偉大さは分かりません。実行に移すのです。様々な苦労が小さくなっていくのを、あなたはきっと感じられるでしょう。

愛せない人ほど不幸な人はいません。愛をケチる人は、精神的にも、物質的にも、貧しくなっていくしかないのです。

孤独

光が失われれば闇。愛が失われれば孤独。ということになるでしょうか。でも、本当に愛が失われることはなく、ただ、そう思い込んでいる人間が孤独を味わうだけだ、と思います。

愛されていないから寂しい、と考えるのは、やはりケチ。人を愛していない自分が問題なのに。

与えることを渋ってきた人の末路は孤独です。

孤独な人の意識は、とても小さな小さな世界に閉じ込められて悶《もだ》えています。意識が窮屈しているのが孤独。

決して、間違ってはいけません。あなたが、ひとりで居るから孤独なのではありません。ひとりだ、という狭い認識が寂しさをもたらしているのです。心が縮んでいるから、ひとりだという誤解が生まれるのです。

心を広げてください。部屋にはひとり、家にはひとりかもしれないけれど、その町にはたくさんの人がいます。もっともっと意識の空間を広げていけば、たくさんの人と日本にいます。地球に、みんなと、暮らしています。今、一緒に、暮らしているのです。なのに、何故、あなたは孤独なのです？

心が狭くなっている、と感じたら、地平線か水平線の見える所に行ってみることです。高い山から眼下に街を見るというのもいいでしょう。

注意がいるのは、風景と自分を対比してはいけない、ということです。孤独感がかえって強められますから。海を見ているうちに、寂しさが極まって身を投げる人がでるのも、自然とちっぽけな自分を見掛けの上で対比させてしまうからです。

自分を空っぽのガラス瓶《びん》、いや、薄いビニール袋くらい存在感のないものと思って、見晴らす光景と一体になってください。心が膨《ふく》らみ、軽くなります。

心の中に宇宙を描く、という方法も、孤独退治に効きます。

特に、姿勢は問いませんが、五分間くらい、ゆっくり長い息を出し入れして、落ち着いてきたら、目を閉じて、胸の中に、小さな白銀色に輝くボール状の宇宙を描いてください。

無数の星が綿のような塊になって光を放っています。その宇宙はすべてを含む、創造し得る限り最大の存在なのですが、そんな大きなものが、小さなボールに見えるということは、観察者であるあなた自身が途方もない大きさを備えているということを意味します。こんな風に「考える」のでなく、「感じる」のです。ここで対比の作用を肯定的に利用します。

孤独感に浸っていたのでは、楽しく生きていけません。しかし、それを避ける余り、ひとりでいることを恐れすぎるのも良くありません。

それどころか、ひとりでいることの積極的意義も忘れてはなりません。困難を抱え込んだ時、人の援助も有り難いのですが、まず自分をしっかり支えることが肝心です。自分に真っ正面から向き合う勇気が必要です。それには、日頃から、内省の習慣をつくっておくことです。

ひとりで過ごす、ひとりで行動する。それでいて、苦の種になる孤独感には悩まされない。その境地を自分のものにしてください。

自分なりに問題を理解するにも、誰かに相談することとは別の利点が、ひとりで瞑想することにはあります。相談相手の常識的見解に制限されることなく、無尽蔵《むじんぞう》の情報を蓄積した内なる真我に助けてもらえる可能性がそれです。

こうした瞑想を実りあるものにするには、孤独は不可欠な条件とさえなってきます。隣の部屋にいる家族がいつ声を掛けてくるかわからない状況での瞑想では、深度はあまりにも浅く、残念ながら、ほとんど、「無益」に近いといわなければなりません。

内面の宇宙《せかい》の旅に慣れてない人ほど、そうなりやすいと思いますから、とても重要な、かつ複雑な問題を抱えて困ってしまった時には、近辺のホテルにでも駆け込んで瞑想に耽《ふけ》ってみたらどうでしょう。

ぼくは、ひとりでいることを「聖母様とのデート」と呼んでいます。心行くまで内なる聖母様と話せるのだから、寂しいどころか、薔薇《ばら》の香りに眠気を誘われるように、とてもいい気分になります。穏やかさ、懐《なつ》かしさ、深い愛情、天国の静寂。そんな感じの要素があつまって、ぼくを、酔わせてくれるのです。

これまで、なにか重大な決断を迫《せま》られた時も、家族や友人に相談したことはありません。やや吊り目がちな聖母様が微笑んでくれれば、ＯＫのサインが出たとして、その考えを行動に移すことにしてきました。

　孤独は、こうした超越的な会話を楽しませてくれる頼りになる味方でもあるのです。

別れ

　酒場で耳にするような演歌の詞には「別れ」が頻繁に出てきますね。別れ自体が歌のテーマになっているようなのが多いようです。悲しいものではあるけれど、人生に深みを与えてくれている要素でもあるから、人は、時に、別れを思い出したくもなるのでしょう。

　別れは、人と人の触れ合いが奪われることです。その触れ合いが深いほど、強い未練となって、心に陰を残しがち。しかし、人は、過去に豊かな美しい体験を持ち得たことを、今現在の自分の誇りにもできるのです。といっても、輝かしい過去に止《とど》まり、生き続けることは許されませんが。

あなたが「今」「ここ」で満足している限り、完全な幸福感が去ることはないでしょう。「今」「ここ」に全力を上げて生きているかぎり、過去の痛恨も未来の不安も入り込む余地がないのです。

不幸な人とは、「今」、「ここ」を否定している人のことです。「もしあの時……」、「将来……なことになったら」といった仮定にばかり縛られて生きている人のことです。

必要な過去なら、今も大きな支えになっているはずです。振り返らなくても、今のあなたの生命の一部となって確実に役立っていることでしょう。

頭で思い出せないからといって、覚えていないと考えるのは大間違いです。生命の働きはいつもあなたの味方です。そう、いつも。

頭に浮かび上がらせないのが一番幸福だと判断したら、忘れさせてくれます。奥の奥の方にちゃんとしまってある酷《ひど》く苦しい思い出は、特別の扱いを受けて、易々《やすやす》とは出てこれないようになっているのです。

忘却もまた生命の贈物です。

別れによって、あなたは何も失ってはいません。誰かを失ったと考えるのは、これまた、あなたがケチだからです。その人が与えてくれただろう愛、励まし、援助、楽しい時間などがオジャンになったことを嘆いているのですから。

残念でならないのは分かります。でも、あなたの愛を必要とする人が、次々と現れるのが人生です。

別れを嘆き、恐れていては、素敵な出会いに恵まれません。

誰もが知っていて考えまいとしていることですが、この地上で会った人とは、遅かれ早かれ、別れなければならぬ定めにあります。

時間は一方向に進むだけ。逆には動かない。何故だか知りません。不思議です。この謎は、物理学者や哲学者など一部の人達を除いて、大方の大人にとっては、謎でさえ有り得ず、日常の光景の中に、当たり前のこととして、埋没《まいぼっ》してしまっています。

時間そのものは逆行しなくても、人間の想像力は、物理的な制約を一切受けませんから、誰でも、数十年昔に一瞬にして帰ることができます。

この能力は、使いようで、苦をも楽をもたらすものです。

苦い過去を何度も何度も再生して、暗くなるのも、人間様ならではの自虐《じぎゃく》の芸当。ここは素直に、戻らぬ時間の性質にならって、後戻りの夢想は慎むのが賢明でしょう。

執着はいけません。

駅のトイレで偶然出会った見知らぬ人。用を済ませて別れの際に、涙が浮かぶことはまずありますまい。かの人はいずこへ。これも別離なのに悲しくない。その人への執着がないからです。薄情とはこのことで、十分後に、かの人が野垂れ死にされても、線香一本あげる気にもならぬのが現実。

別れが苦痛になるのは執着のせいです。ケチだと、捨てられない。執着も人一倍になる。

日頃から、不要なものは、さっさと、人にあげるなり、捨てるなりする癖を付けておきましょう。

捨てないと、入ってこないのです。

駄目だと思えば、さっさと別れる。考えれば難しく、やれば簡単なことです。色んな意味で必要な人とは、別れようにも別れられなくなっているもの。

別れても、また、いつか、自然に復縁する定め。一個の人間の小さな意図を飲み込んで、ずっと大きな意図となって流れているのが人生という川です。

運命がもたらすものを、いつも喜んで受入れましょう。一番正しい事が、いま起こっていることなんだ、と全面的に肯定してしまいましょう。そうすれば、あなたはいつも幸せです。

不調和

本当に「世界人類皆兄弟」の世間なら、住み良いでしょうね。人との摩擦は煩《わずら》わしいかぎりです。誰だってそう思っているはずなのに、実の父母とだって仲違《なかたが》いしてしまう。兄弟で啀《いが》み合う。職場の同僚に嫌悪する。上司にムカムカくる。

「社会的動物」なんて自称（だから当てにならないのか）しながら、何故人間はこれ程までに付き合い下手なのでしょう。情ないことに、人の集まる所必ず軋轢《あつれき》、悶着《もんちゃく》あり、です。

国家間の戦争、民族間の抗争も絶えません。それらの大きなケンカも、個人の間のちょっとした不仲と同質の原因から生じているとみて間違いありません。

人間なる生物に絶望するのは簡単ですが、それはつまり、あなた自身に絶望することでもありますから、得策ではありません。絶望して得れるものは絶望だけなのですから。

希望を捨てず、あなたが旨くやっていけない人のことを、改めて考えてみてください。何が不快の原因となっているのでしょう。何が友情を育《はぐく》む障害になっているのでしょう。

自分と違っている、という意識が、否定的な方向に傾くと、相手が不快になってくるようです。自分が正しく、相手は間違っている、という一方的な判断によって、「違い」が嫌悪されます。「違い」を肯定的に受け止めれば、尊敬や恋慕にも発展するのですが、自分を信頼しすぎた人には無理な要求に違いありません。

類は友を呼ぶ、といいます。人間は共通の部分を通して触れ合おうとしがちです。

同じ、という感覚は安心を生みます。同じだから、自分の求めるものを、相手も求めていることになる。推察する苦労がなく、議論するまでもないのですから、この上なく楽です。

苦労の節約という観点からいえば、当然、可能な限り、楽に付き合える人を友人とするのが基本となります。

実際、友は選べるものです。

親兄弟姉妹などの血縁となれば、人類に属しているという以外共通点を見出せなくても、同じ屋根の下で暮らさなければならぬ事情というものもありうるでしょうが、友だちは、我が儘《まま》がききます。

仕事は気にいっているが、上司がスカン、という情況ではどうするか。「課長を変えてくれ」とは言いにくい。また、言って変えてくれるものでもないでしょう。後で紹介する高等テクニックに自信が持てれば、かなり楽になるはずですが、そうでなく、万策《ばんさく》尽《つ》きて、苦痛もヘビー級なら、きっぱり辞めましょう。

その人との出会いから、もう十二分に学んだはずですから。

無理はしないことです。しんどい人は、取り敢えず、避ける。波長の合わないのには、近寄らない。そういう自分を、「人類愛に欠ける」とかいって責めても、その通りではあっても、責めれば人類愛が急増するわけないので、無駄なのです。

イワナは上流、アマゴは下流、といった具合に、動物だって、住みわけ、という知恵を働かせて、無用な闘争を避けているのです。自然流。人間様が倣《なら》って恥ずかしい行いではありません。

あなたが、他人に影響を与えるよりも、受けることの多い人でしたら、余計、心して友を選ばなければなりません。スカンクの放つガスを浴びたのでは、足元に咲く薔薇《ばら》の香に気付きようがありませんから。

できるだけ前向きの人の近くにいるのが賢明です。といっても、がむしゃらなタイプというのではなく、常に笑顔で、ユーモアがあり、人の悪口や愚痴の少ないような人が理想です。

頭の回転が速く、知識があり、地位があっても、一緒にいると疲れる、心が悲観に沈む、という人は避けたいものです。

批判的精神の旺盛な人は、うっかりすると、自分の不満を代弁してくれるがために、魅力的に見えて、引き込まれてしまいがちですが、共に苦労の道連れということになりかねません。


次に、逃げたいが逃げられない関係に嵌《は》まりこんだ場合の対策を考えてみましょう。これはなかなか辛いものがあります。

そこで、高等テクニックが必要になります。小手先の技法ではうまくいきません。

既に述べたように、愛は宇宙の根本原質であります。その愛の普遍性に感応することがこのテクニックなのです。愛があらゆる人間の生命の源泉であることを実感してください。「敵」などという概念は、愛に盲目の人間が捏造《ねつぞう》したものにすぎません。

愛の具現《ぐげん》として宇宙を見るとき、そこに一切が、あなたの生命を支える働きとして存在している、と聖者はいいます。

あなたを「苦しめている」人も、あなたの気付いていない理由において、あなたを支えているのです。

この宇宙では、必要なことだけが起こっています。地球でも、日本でも、あなたの家庭でも、必要なことだけが現実として生じてきます。

嫌な人と夫婦になってしまった、と結婚後数年して気付いたけれど、子供、世間の目、孤独への恐怖から、苦渋《くじゅう》の日々を耐えて生きている人もいるでしょう。しかし、その境遇は必要から与えられたのです。いや、当人が、その必要を招来《しょうらい》するような道をそれまで選んできていて、今、そういうかたちで実現しているだけなのです。

その必要がなくなった時、つまり、所定の学習が終了した時、苦しめられてきた縁が切れるに違いありません。あるいは、全く新たな段階に突入するのを感じるでしょう。

地上で営まれる人生は、結局のところ、愛の学習のための授業時間、とぼくは思います。

あらゆる人に愛を感じられれば、その人は卒業です。

避けて通れず、しかも、かなり手強《てごわ》い人に対して、あなたに是非試みていただきたいことを以下にまとめます。

◆相手も自分も、愛という同じ原料で作られた生命であって、全く一個の宇宙大生物の部分に過ぎない、と知ること。

◆その人と話している時などに、相手の胸の中に赤い炎を思い描き、自分の胸の中の赤い炎を同調して炎が動く映像を想像する。

◆温かい光線で両者が繋がっているのを実感する。この光線は胸の中の炎から出ているので赤味を帯びている。

性欲の苦労

苦あれば楽あり。酒を飲んでいるうちは楽しいが、明くる日の二日酔いは地獄の苦しみとなります。

性欲についても同様です。楽の度の強い快楽に溺れ過ぎると、ちゃんとしっぺ返しを受けます。肉体のみならず、精神の疲労も大きいことに気付きにくいのでご注意を。

自分の楽しみを貪欲に追求するあまり、電車で居合わせた赤の他人に快楽を強要する不心得者もいます。犯罪者となってしまっては、その後の生涯で、大変な苦労を背負わなければなりません。快楽が地獄の入場切符になってしまいます。

確かに、やっかいなのは、社会道徳の建て前に反して、高度で多彩な科学技術の時代を築いた人間も、未だ、十分に動物的であるということです。オシッコをする感覚で性欲を始末したくなるのです。

動物にすぎない人間。とはいえ、社会という枠を認めてしまった人間にとって、性欲は、裸で姿をみせるべきでなく、それ相応の衣類に包む必要があるのです。

性欲自体は、賛美されるものでも、嫌悪されるものでもありません。節度を持って楽しめば、生きる喜びが増大します。節度は、道徳の中にはありません。あなた自身の中にあるのです。道徳は不自由の内にあり、節度は自由の上に乗っています。節度に従い、愛をそのままに表現すれば、曇りのない歓びが手に入れられます。

真実の愛の表現としてのセックスは、疲労感より充実感がずっと大きいもの。互いを充足し合う愛のエネルギーが、量としても均衡《きんこう》し、質としても引立て合うからです。

しかし、こんな言い回しは、自分に対するすべての称号を拒否したクリシュナムルティのような人には、『説明したり原因を探すことに浪費されるエネルギーをもってすれば、その「なにか」を完全に変革できる』といって叱られそうですが。

問題は、性エネルギーの、自他共に害することのない昇華の仕方です。

芸術と宗教は、それには、最適の仕事です。にもかかわらず、多作な芸術家や行動力のある宗教家ほど、肉欲を持て余し、情欲に遊ぶ傾向があるのは不思議です。彼等の生命力の大きさが並外れている、と考えれば当然ではありますが。

芸術と宗教は、生命の本当の性質に触れさせてくれ、エネルギーの適切な利用法を明らかに示してくれるのです。我慢を教えるのでなく、有効な活用の回路を自然に開いてくれます。

真実は最強の慰め薬です。真実を、真実だけを求める姿勢があれば、欲望をいちいち監視し続ける必要はありません。

罪は実在しない

ぼくの内におられる聖母様はとてもセクシーです。セクシーと感じることは冒とくだろうか、と疑問に思ったこともありましたが、許されてない感情が生じるはずがないと結論づけることにしました。

混乱が秩序に移っていくとき、誰しも安心を覚えるでしょう。しかし、秩序が固まり、動かなくなると、息苦しくなってきます。

性に対するタブーは、まさに凝固剤《ぎょうこざい》です。動かない秩序の中で手足を伸ばそうとすると、かなりの苦痛を覚えます。

タブーが罪をつくります。神仏がつくったものではなく、人がつくったものが罪。それは秩序を維持するための仕掛けなのです。

罪への恐怖から、人は、愛のあるがままの大きさと自由奔放さを味わおうともせず、それを秩序に閉じ込めるのです。

窮屈《きゅうくつ》に人を愛し、偏向した正しさを守り、制限された想像力の中で無限を捕らえようとする。これでは駄目です。自分では「している」はずのことが、「なされていない」のに気付いてない。

罪は、ゴム風船の自由な旅を許さない糸です。

罪は、生命に対しても邪魔者、あるいは敵です。罪から人が成長することも、喜びを増すこともありません。

愛するのに、いかなる資格も条件も要りません。友人の夫を愛する。上司の妻を愛する。それらは罪ではありません。何かの不都合とか、何かの災難が生じてきても、それは罪のせいではないのです。愛が不足していただけなのです。間違いがあるとすれば、その不足だけが間違っていたのです。

他の一切の営みに対してと同様、性の営みにも一片の罪も感じてはいけません。自分を精一杯信頼し、かつ最大限に自由であろうとしていれば、あなたの行動は自律的に制御され、節度あるものになる、と思います。

肉欲の沈静法

肉欲とは、性欲を蔑視《べっし》した表現といえるでしょう。確かに、不名誉な、愚かな性欲の奴隷に成り下がっている人がいます。

肉欲に節度を失った不自由人の中には、「まむしドリンク」と「すっぽんスープ」で体力の消耗をくいとめられる、と信じている楽天家も含まれます。

性エネルギーといっても、生命エネルギーそのものなのであって、別誂《べつあつら》えの供給源が独立して存在するものではありません。

節度を越えて欲望が強く出る時は、元気が有り余っている、というより、心身のバランスが崩《くず》れている、とみるべきだと思います。精神が、過労のため、肉体からの信号を誤読して、嘘の欲望を募《つの》らせることがよく起こります。また、食欲の異常な昂進《こうしん》も、性欲の代用である場合が少なくありません。

刺激の強い食品やアルコール類は避け、穏やかな音楽でも聴いてみる。それでも興奮が収まらない時は、冷水のシャワーを浴びるのが一番でしょう。より簡便な方法としては、タオルを水に浸して、それを後頭部に当てるのもいいでしょう。こうして生理的なレベルでの刺激を調整し、肉体に蓄積されたエネルギーを、性欲以外の方向に誘導することができるのです。

要するに、性欲を罪の意識で押さえ込むことは間違いですが、節度を失うと、肉体的苦労に加えて、人間関係における破綻《はたん》も招きかねません。楽しみは、ホドホドが最良かもしれません。

死

death

過去の「死」

ブラームス、スメタナ、ショパンの曲は、買い物の帰りに、ふと、ひとりで無為に過ごす贅沢が欲しくなって、喫茶店に立ち寄ると、聞こえてきて欲しい音楽です。

田端義夫の「帰り船」、春日八郎の「別れの一本杉」などの流行歌も胸にジーンときて、涙が出そうになります。

ぼくは、それがどんな種類のものであれ、音楽で心が動かされる時には、いつも、その曲の内容とは無関係に、なつかしい過去の情景を再生している自分に気付きます。何故、未来の自分の勇姿に夢想が広がらないのか。それは、ぼく個人の傾向にすぎないのでしょうか。音楽は、頭脳の記憶領域を刺激する性質を本来的に備えているものなのでしょうか。童謡を歌わせると機能の鈍った老人の頭脳が活発に働きだすことがある、と聞きました。

いずれにしろ、このことを考えると、小学生の頃から繰り返し現れる、ある白昼夢のことが思い出されます。

それは、こんなふうに他愛のない光景なのです。芝生の庭で、アメリカ人の五十歳位の小太りの父と四、五歳の娘が、はしゃいで、走り回っています。ぼくも、この二人と何かのゲームに興じているようなのですが、それが何で、彼等とぼくの関係はどうなっているのか、さっぱり分かりません。芝生が明るい陽射しにまぶしく輝いていて、ぼくは、ただただ幸せに浮かれているのです。

不思議なのは、この一点の曇りもない喜びそのものの光景が、「死」を連想させることです。しかも、何故か、「明らかに」過去の死の匂《にお》いがするのです。

この「死」には、悲哀も苦痛もなく、単純に嬉しい感情だけがあり、常識的にみれば、死とは呼べないはずの死であるにもかかわらず、明らかに死そのものの性質であることをぼくは知っているのです。知っている、という自覚がある。この点が一番重要だと思います。

理屈からすると、光景自体が死である、というのはおかしい。死後の世界というなら話は分かる、と思われるかもしれませんが、ぼくにとっては、死の状態という感覚が強いのです。

死を一瞬の現象とみると確かに、おかしいのですが、死が持続している状態であるなら辻褄《つじつま》は合います。

この世に生きる人間は、生は断続していて、それが断ち切られる瞬間を死と呼ぶので、死が時間の流れる状態とは考えにくいのでしょう。

ぼくは、この白昼夢の過去の「香り」だけでなく、それ以上に強く、瞑想時に、スペイン風の石壁の室内をよく見て、自分の過去世の生活がそこで営まれていたように感じる体験を繰り返してきました。

もっとショッキングで厳密な「生まれ変わり」などの事例報告が、ぼくの手元だけでもたくさんありますし、あなたも、その種の不思議話の一つや二つ思い出されるでしょう。しかし、依然として、真偽に決着を付けるほど圧倒的な証拠はない、と大方の人は考えるに違いありません。

一般に科学と呼ばれる知識体系ですら、納得できない人には無知の体系でしかないのですから。

真実は、科学者の説明に在るのではなく、それを真実と受け取った人間の中にのみ存在するのです。

単純に言い切れば、ぼくは、科学者より聖者を信頼する人間です。聖者は真理をそのままの姿で認識している人であるのに対して、科学者は、真理がそのように認識できないので（そう考えているので）、理解できる分割された部分についてのみ理屈で納得しようとしている人、と区別できます。

ぼくにとって信頼しうる聖者たちが、口を揃えて、死は繰り返される、といっている事実と、自分の細《さき》やかな内的実験が示してくれた真実を合わせる限り、「過去の死」の存在を疑えない、と断言するしかないのです。

苦労の種としての死

死んでしまえば苦も楽もない。その通りなら、死そのものを、ここで、とりあげる必要はありません。

でも、生きる苦労の根底に、ほとんどいつも死に対する恐怖が存在するように思います。生命が失われるのが死ではあるけれど、自分が失われる、という意味において、大きな恐怖を感じるのではないでしょうか。

また、死んでいく苦痛、孤独がたまらない、と不安に思う人も少なくありません。こちらは、生きる問題そのものでもあります。死を直前にした苦労というべきでしょうか。

とにかく、肉体人間としては、死んでしまえば苦労はなくなるので、生の立場からすると、死は安楽をもたらすものとして「解決」と呼べないことはありません。自殺は、言うまでもなく、この種の解決法です。

死に対しては不安があるだけで苦労はない、と断言するのが一番すっきりするのかもしれません。

いずれにしろ、やっぱりこの最後の章はちょっと違った色合いになるのでしょうね。まあ、「付録」とみて読んでいただければ幸いです。

死なないなら怖くない

「暗黒」と「落下」。人間の二大恐怖といわれます。

死にも、この二つの要素が含まれているように思います。暗黒の底に落ちていく夢を、子供の頃よく見ました。ぼくの周囲の人に聞いてみると、同じような夢を結構多くの人が見ているようです。

恐怖は、生命活動に破壊的な影響を与えます。

いつでも何かにおどおどしている人は、自覚のないままに、大量のエネルギーを失っているので、疲れやすくなります。その「おどおど」の底に死への恐怖が潜んでいる、と思います。

真夜中に、ひとり、人気のない所を歩くのが怖いのも、命の危険を感じてのことです。もし、あなたが絶対に死なないようにできているとしたら、暴漢に襲われようが、悪霊が現れようが、平気の平左のはず。

農薬、放射能、食品添加物、石綿、怖い物は一杯あるけれど、何故怖いかというと、死につながる病をもたらすからでしょう。

コップ一杯の農薬ジュースを飲んでも、一時的に皮膚が紫になるだけで完全に命に影響なしなら、これも新しい化粧法として急進派の女性たちに持て囃《はや》されるかもしれない。

あなたにとって、誰かが、不愉快の範囲を越えて、恐怖の対象となっているとしたら、その恐怖は死から来ている、と考えて間違いないと思います。

例えば、上司を恐れるのは、「首を切られる↓収入源を断たれる↓飢える↓死ぬ」の連想が意識下で働いている、とぼくはみるのです。勿論《もちろん》、表層部の理性は、「そんなことくらいで飢え死にするわけがない」と主張するのですが、芯の本能は「その危険」を嗅ぎ付けてしまっているのです。

不死

あなたは、死なない人間に会ったことがありますか。少し割り引いて、数百歳の人、いや、オーストラリアのマクロザミア（ソテツ科の植物）は一万数千年の平均寿命と聞くから、数万歳の人がいてもいいわけだけど、そんな人に会ったことがあるでしょうか。

残念ながら、ぼくは、その経験がありません。

それにもかかわらず、ぼくは人間の不死を信じています。

人前でも公言できる程の自信が持てるようになったのは、インドの聖者パラマハンサ・ヨガナンダの「人間は死ねない」という言葉に出会ってからです。この言葉は、ぼくに大きな衝撃と共に寛《くつろ》ぎをもたらしてくれました。なんだか、この言葉を長い年月探し出すために生きてきたような気さえしました。

「死なない」のではなく、「死ねない」というのです。

しかし、ここでいう不死は、自分という生命の本質が死なない、死ねない、ということであって、肉体の不死をいうのではありません。

生命の本質とは、魂とか霊と呼ばれる存在のことです。姿、形のないものですから、肉の眼球では見えません。

心と肉体を区別することは、実感としても受け入れやすいのですが、心を、さらに、精神と魂に分けるヨガ行者の認識には、抵抗を覚える人が少なくないと思います。

魂が存在しないなら、不死は有り得ません。

睡眠中に見る夢では、あなたはベッドに横たわっている自分の肉体を忘れていますね。別の肉体を持った自分が、歩き、食べ、叫んでいるのです。その知覚機能が働いているからこそ、夢の中でも、痛かったり、痒《かゆ》かったり、冷たかったりします。

心が肉体から完全に離れて自由に、自らの意思によって、もう一つの生を体験しているのです。これは死の「体験」そのものです。そこで、ヨガ行者は、両者を同類とみなして、肉体の死を「大きな死」、夢を「小さな死」と呼んでいます。

ヨガナンダは言います。「肉体は、ただの服に過ぎません。この人生で、これまでに、あなたは何回服を着替えてきたでしょう。その度に、「自分」が変わってしまったなんて言いますか」。

冬が終わればオーバーは不要になります。この人生の仕事を終えれば、また新たな人生のための衣服に着替えなければなりません。しかし、あなた自身は不変です。

マハトマ・ガンジーの不屈の精神を支えた聖典バガヴァッド・ギータは、「魂は生まれたことも、消滅することもない」と、永遠に不滅の生命を備えた魂の性質を表現しています。

去っていった人に祝福を

地球の裏側に旅立っていった友を恋しく思えば、国際電話で話すことも容易にできます。あの世との電話回線は、残念ながら、未だに開設されていません。

特別感度のいい受信機として働く頭脳を持った人がたまにいて、あの世の住人からの声を受信することはあるようですが。ふつうの人でも、偶然に条件が整って、流れ念波《ねんぱ》を耳にすることもあります。ぼくも何度か経験しています。

まあ、今の所、そういう交流は一般的に困難なので、死者との意思疎通は絶望的なわけです。それだけに、死別の悲痛は大きいものがあります。

ついでながら、死者の霊との交信にやっきになるのはとんだ無駄であり、霊媒と称する人に金を払って「肉声」を聞くなんてことは大損だ、と申し添えておきます。あの世の住人が断じてあなたに話したい意思があるなら、直接あなたにコトバを届けるか、それとなく気付かせる、とぼくは信じるからです。

霊媒師などすべてイカサマ、と考えている方が安全です。ホンモノにとって、それで迷惑を被《こうむ》ることはあり得ません。

この世を去った人は、あの世で、新たな課題を与えられ、苦もなく、より自由に、喜びの中で生きているのです。悲しむ理由は何もありません。当人に悲しみはないのに、残された人の執着心だけが別れを辛くしているのです。

肉体の制限から解放された魂の喜びは、地上に生きる大多数の人間には味わい知ることのできない大きなものだ、と聖者はいいます。深い瞑想によって肉体というケースから魂を分離し得る聖者には、地上においても死は存在しないのです。

死者に祝福を。悲しみは地上だけのものなのですから。

死を超えて今を生きる

自分が消滅するという死の恐怖は、自分の本質に対する無知から生じています。本質は不死の魂です。あなたが親しんでいる現実という枠に魂を閉じ込めて理解しようとしても駄目です。

でも、そんな見えもしない、触れもしないものをどう信じればいいのか。ただの空想ゲームではないのか。信じたいけれど、あまりにも実感がなさすぎる、という人がいても当然です。

ひとつの手掛かりがあります。それは光です。

既に、『光による治療』の項で、光が薬代わりになることを書きました。光が効く、というわけです。

物理的にも、道徳的にも、明るい世界を、健全な人間はまったく本能的に求めます。明るいと、嬉しい、安心する、希望が湧《わ》く、肯定的、活動的になれるのです。

それは、魂の本性が輝く光だからです。

あなたが頭の中に光を想像するだけでも、その光の波動が魂を共振《ともぶれ》させます。

最も明るい光の実体が、いわゆる神なのです。どれだけ明るい光を想像できるか、その程度が、今のあなたの意識の水準を示しています。

光をより多く、より強く求める実習をやっていると、やがて、心が光に感応しやすくなってくるでしょう。人から受ける光の量（胸の辺りの見えない受光板の反応で感じる）がかなり違っていることに気付くでしょう。そして、容姿や言葉より、光の表情に関心が移っていくはずです。光こそが、永遠の生命の象徴であり、また証拠でもあります。

光そのもののあなた（真我）は、決して時計の針が刻む時間に制限されていません。ハバ、オクユキ、タカサの三次元空間にも制限されていないのです。本質である魂は、この相対的な現実世界の法則に一切縛られない完全な自由の中に生きています。だからこそ、この世にあっても、あの世にあっても、「同じ私」で在り続けられるのです。

「河には柵の必要はないのです。
もし、河が閉じこもっていたら、
沈滞して毒気を生じます。
一切の垣を設けないことです」

ラーマクリシュナ

自由は、それ自身の中に規律があるので、柵も、壁も、賞罰も、道徳も、目標も、計画もいらないのです。

自由は、それ自身の中に知恵があり、行くべき所を知っているのです。

生命は永遠であり、自由である、ということを知った。が、それでどうだというのか。

日常の「今」、「ここ」で、あなたがやりかけていることを考えてみましょう。

友人への手紙？

コーヒーのために湯を沸かしている？

朝、読み残した新聞に目を通す？

今、ここで、やりかけていることに完全な自由を見出だしてください。何をしてもいいのです。すべてが許されています。そういわれることが一番困るという人は、隷属《れいぞく》の習い性となる、といえるのかもしれません。

国語辞典を気まぐれに開き、右頁の冒頭の見出し語を、強引に、手紙の書き出しに使う。

湯が沸き立つのをじっと見つめて、沸騰する泡の造型を鑑賞する。

新聞記事の文の語尾だけに注目。「・・だ」「・・た」「・・た」「・・ん」「・・か」「・・る」「・・い」「・・る」。

ふざけているのではありません。自由は、今、ここにあります。無限の手紙の書き方、無謀の湯沸かし法、無限の新聞の読み方がある中で、あなたは、ひとつの選択を、一瞬々々に行っている、という事実を「知っている」必要があるのです。

どのような行為にも、それ以外のものがもたらすことのできない固有の意義が含まれているのです。その意義が、あなたに関わり、あなたに侵入し、あなたを変えていくのです。

毎朝、新聞の文尾だけを読み続けた人が、二十年後にどう変貌するか、その人の家族の反応はどうか、健康状態に影響は出ないか、予想は余りに困難です。

完全な自由は嬉しい気持ちの中に住んでいます。

それは本当だろうか、と考えるより、体験の中に真偽を確かめてください。

自由は、広がりでもあります。

あなたが小さな部屋にいるとき、その壁面にあなたが制限されていると感じると、とても窮屈を覚えるはずです。しかし、あなたが限定されていると感じる「場」の概念を、地域、日本、アジア、地球、銀河宇宙、と拡大し、ついには、最大限の遠方に壁を想定した大宇宙の中にいる、と意識すれば、最大限の自由を得ることになるのです。

その自由は、今、この瞬間、あなたの意志が求めるなら、即時に手に入れることができます。意志とは、なんと強力な指揮官なのでしょう。その時、あなたは死を超えているのです。

あとがき

人と話した後は、言い残したことが気になり、書いた後は、やはり、書き残したことが気になります。

本能的に、人間は、完全を指向するようにつくられているのでしょうね。しかし、実は、だれも完全を知らないで、不完全であることにだけ敏感なのではないでしょうか。

多くは願いません。本書が、読者の苦労のほんの一部でも軽減するのに役立つことを願っています。

以下の方々には、この本の制作にあたり色々とお世話になりました。この場を借りて心からお礼を申し上げます。

梅田香織氏、神崎順一氏、北村容子氏、小松徳美氏、金氏脩介氏、田中幹人氏、宮内もみ氏、村上文生氏、物部雄次氏、米澤穂積氏。（五十音順）

本書は、1999年10月に発行された、「苦労の節約」の新装版です。

苦労の節約

発行日
初　版 2021年11月1日
著者
森本　武
発行者
久保岡宣子
発行所
JDC出版
〒552-0001　大阪市港区波除6－5－18
TEL.06-6581-2811㈹／FAX.06-6581-2670
E-mail : book@sekitansouko.com
郵便為替　00940-8-28280
印刷製本
本体　日本電植（株）
カバー　モリモト印刷（株）